ÉDITORIA[L]

MARS 2023

Sylvain Gasser
prêtre assomptionniste

Deux oreilles pour écouter

On raconte que, pour les Anciens, la formation du corps humain commençait par le façonnement de l'oreille. Contestable pour le savant, mais signifiant pour le croyant qui entre en Carême. Dieu seul peut ouvrir l'oreille de l'être humain car il a pris le temps de la creuser. Le stoïcien Épictète n'a-t-il pas raison d'affirmer : « Dieu a donné à l'homme deux oreilles, mais une seule bouche, pour qu'il puisse écouter deux fois plus qu'il ne parle » ? Le Carême offre quarante jours pour se mettre à l'écoute et prêter l'oreille. L'écoute est requise pour s'engager dans cette longue traversée, car elle aiguise l'attention à la parole qui surprend, désinstalle et requiert. Une parole qui vient aussi bien de l'intérieur que de l'extérieur. Fermer son oreille au frère peut empêcher Dieu de parler. L'invitation à l'écoute est une sollicitation à l'obéissance : écouter et obéir ont la même racine en hébreu. Et il n'est pas de plus haute obéissance que celle de la foi, cette remise totale entre les mains du Seigneur. Tel est le secret de la vie selon le Dieu d'Isaïe : « Tendez l'oreille, venez vers moi, écoutez et vous vivrez » (cf 55, 3). ■

Le Carême offre quarante jours pour se mettre à l'écoute et prêter l'oreille.

Transmettre l'élan de la foi en héritage

Chaque dimanche, des milliers de personnes suivent la messe en direct grâce à l'émission Le Jour du Seigneur. Cela est possible grâce au soutien de nombreux téléspectateurs, par leurs dons et leurs legs.

La messe dominicale est le cœur battant du Jour du Seigneur. Parce qu'elle est source et sommet de la vie chrétienne, chaque célébration eucharistique relie les croyants avec Dieu et entre eux. Chaque messe a pour mission d'annoncer la parole de l'Évangile. Elle apporte le message du Christ à tous. Par la magie des ondes, les téléspectateurs, sont associés en direct à la ferveur des fidèles d'une communauté en prière, et ainsi reliés à l'Église universelle. Par la messe, Le Jour du Seigneur permet à tous ceux qui ne peuvent plus se déplacer, ou qui sont loin de leur paroisse, de partager tous les dimanches la joie de notre foi, la Bonne Nouvelle de la Résurrection, la victoire de la vie sur la mort.

Si tout le monde connaît Le Jour du Seigneur, on sait moins que tout cela est rendu possible, en plus de l'appui du service public, par le soutien sans cesse renouvelé de

ANNONCE

plusieurs générations de donateurs qui donnent les moyens financiers indispensables au Jour du Seigneur pour produire chaque dimanche une messe télévisée.

Un soutien pérenne au Jour du Seigneur permet aux personnes malades, handicapées ou qui ne peuvent pas se rendre aux offices de leur église de rester en communion avec l'Église et de suivre la messe. C'est aussi permettre de montrer des images d'espérance et d'apporter du réconfort spirituel aux personnes en quête de sens. C'est donner une image plus vraie de l'Église et des chrétiens, une image de l'élan de notre foi. C'est enfin diffuser des témoignages de paix, de réconciliation et de partage pour les générations futures. ■

Pour toute précision ou demande d'informations sur le legs, l'assurance vie et donations, Marie-Laure Graeling, du bureau juridique du Jour du Seigneur, répond à toutes les questions par téléphone au 01 44 08 88 71 ou par mail : ml.graeling@cfrt.tv

Fonds de dotation CFRT/Le Jour du Seigneur, 45 bis rue de la Glacière, 75013 Paris

Prier avec le Saint-Père

Intention universelle du mois de mars 2023

Prions pour tous ceux
qui souffrent à cause du mal commis
par des membres de la communauté ecclésiale :
afin qu'ils puissent trouver
dans l'Église elle-même une réponse concrète
à leur douleur et à leur souffrance.

Pour vous aider à prier:
www.prieraucoeurdumonde.net

SAINTS ET SAINTES DU MOIS DE MARS 2023

Xavier Lecœur, journaliste et historien

Chaque jour, l'Église fête plusieurs saints et bienheureux : ceux du calendrier romain, ceux des calendriers diocésains et ceux du calendrier des Églises orientales. Tous les mois, Prions en Église *vous propose d'en découvrir quelques-uns.*

1er mars
St Aubin
(469-550)
Nommé sur le tard évêque d'Angers, il osa s'élever fermement contre les mœurs dissolues des seigneurs mérovingiens. Saint patron des villes d'Angers et de Guérande.

2 mars
Ste Angèle Guerrero Gonzalez
(1846-1932)
Il y a vingt ans, en 2003, le pape saint Jean-Paul II canonisait cette native de Séville (Espagne), fondatrice des Sœurs de la Compagnie de la Croix au service des pauvres et des malades.

3 mars
Ste Cunégonde
(vers 980-vers 1040)
Avec son époux, l'empereur germanique saint Henri II, elle favorisa les intérêts de l'Église. Aujourd'hui, leurs deux tombeaux se trouvent dans la cathédrale de Bamberg (Bavière).

4 mars
St Casimir
(1458-1484)
Fils du roi de Pologne, il préférait la prière au pouvoir. Néanmoins, en l'absence de son père, il sut gouverner son pays avec sagesse et justice. Patron de la Pologne et de la Lituanie.

5 mars
St Eusèbe de Crémone
(lire page 47)

6 mars
Ste Colette
(1381-1447)
« Oublions-nous nous-mêmes et n'ayons en vue que le bon plaisir et la gloire de Dieu », exhortait cette grande réformatrice de l'ordre des Clarisses. Sainte patronne de Corbie (Picardie).

7 mars
St Paul le Simple
(IVe siècle)
Disciple de saint Antoine le Grand qui l'accueillit au désert égyptien de la Thébaïde, longtemps après avoir éprouvé sa patience.

8 mars
St Jean de Dieu
(1495-1550)
Né au Portugal, il mena d'abord une vie aventureuse. Converti au Christ en 1539, il ouvrit un hôpital à Grenade (Espagne). Ainsi naquit l'ordre des Frères hospitaliers de Saint-Jean-de-Dieu.

9 mars
St Pacien
(IVe siècle)
Évêque de Barcelone (Catalogne). Plusieurs de ses écrits sont parvenus jusqu'à nous, dont un important traité sur le sacrement de pénitence.

10 mars
St Droctovée
(VIe siècle)
Disciple de saint Germain qui, devenu évêque de Paris, le nomma à la tête de l'abbaye Saint-Vincent-Sainte-Croix (future abbaye de Saint-Germain-des-Prés).

11 mars
St Euloge
(IXe siècle)
Prêtre martyr à Cordoue, alors capitale des Sarrasins d'Espagne.

12 mars
St Pol de Léon
(VIe siècle)
L'un des sept saints fondateurs de la Bretagne. Ermite sur l'île de Batz, il évangélisa le Finistère.

13 mars
Ste Irma Dulce
(1914-1992)
Cette religieuse brésilienne était surnommée « le bon ange de Bahia » en raison de son activité en faveur des plus démunis. Canonisée par le pape François en 2019.

14 mars
Bx Jacques Cusmano
(1843-1888)
« Dieu ne donne ses grâces qu'aux âmes vraiment humbles », disait ce médecin et prêtre de Palerme (Sicile), qui consacra sa vie aux nécessiteux. Béatifié en 1983.

15 mars
St Clément-Marie Hofbauer
(1751-1820)
Ce prêtre rédemptoriste consolida sa congrégation en Pologne et dans les pays

germaniques. Canonisé en 1909 par saint Pie X.

16 mars
Bse Bénédicte
(vers 1214-1260)
Entrée chez les Clarisses, elle succéda en 1253, à sainte Claire comme abbesse du couvent de Saint-Damien d'Assise.

17 mars
St Joseph d'Arimathie
(Ier siècle)
Après la crucifixion, ce membre du Sanhédrin eut le courage de demander à Pilate le corps de Jésus. Avec l'aide de Nicodème, il l'enveloppa dans un linceul et le déposa dans le sépulcre.

18 mars
St Cyrille de Jérusalem
(vers 313-386)
« Un homme qui a la foi est plus riche que tous les riches », assurait cet évêque de Jérusalem dans l'une de ses *Catéchèses baptismales*. Docteur de l'Église.

19 mars
Bx Marcel Callo
(1921-1945)
Réquisitionné en 1943 pour le service du travail obligatoire (STO), ce jeune ouvrier rennais, jugé « trop catholique », fut arrêté et déporté à Mauthausen (Autriche) où il succomba d'épuisement. Béatifié en 1987.

20 mars
St Herbert
(VIIe siècle)
On raconte que cet ermite anglais mourut, comme il l'avait souhaité, le même jour et à la même heure que son ami et maître, le futur saint Cuthbert, également ermite.

21 mars
St Lupicin
(Ve siècle)
Devenu veuf, il rejoignit son frère, saint Romain, dans le Jura et prit la direction de l'abbaye de Lauconne, berceau de la ville qui porte aujourd'hui son nom.

22 mars
Bx Clément August Graf von Galen
(1878-1946)
Évêque de Münster à partir de 1933, il dénonça les exactions du régime hitlérien, notamment en 1941, lors de trois sermons retentissants. Béatifié en 2005 par Benoît XVI.

23 mars
St Turibe de Mogrovejo
(1538-1606)
Cet Espagnol, archevêque

de Lima, défendit les droits des Indiens contre les excès des conquistadors. Patron du Pérou. Canonisé en 1726.

24 mars
Ste Catherine de Suède
(vers 1331-1381)
Durant vingt-cinq ans, elle vécut saintement à Rome avec sa mère, sainte Brigitte de Suède. Rentrée dans sa patrie, elle devint abbesse de l'ordre du Saint-Sauveur (« Brigittines ») que sa mère avait fondé.

25 mars
Annonciation

26 mars
Bse Madeleine Morano
(1847-1908)
« Élargis ton cœur à l'espérance », recommandait cette Turinoise, fille de Marie-Auxiliatrice, qui œuvra en Sicile pour l'éducation et le catéchisme.

27 mars
Bx Louis-Édouard Cestac
(1801-1868)
Soucieux de l'avenir et du salut des jeunes filles perdues, ce prêtre basque fonda à Anglet (Pyrénées-Atlantiques) les congrégations des Servantes de Marie et des Bernardines. Béatifié en 2015, à Bayonne.

28 mars
St Joseph-Sébastien Pelczar
(1842-1924)
« Tout pour le Très Saint Cœur de Jésus à travers les mains immaculées de la Très Sainte Vierge Marie » : telle était la devise de cet évêque polonais qui multiplia les œuvres de charité. Canonisé il y a vingt ans, en 2003.

29 mars
Ste Gladys
(Ve siècle)
Épouse volage, cette Galloise se fit ermite après la mort de son mari et expia ses fautes dans la prière et la solitude.

30 mars
Bx Amédée
(1435-1472)
Duc de Savoie et de Piémont, ce souverain très chrétien pria, jeûna et adoucit le sort des malheureux.

31 mars
Bse Jeanne de Toulouse
(XIIIe siècle)
Cette recluse vécut près du couvent des Carmes de Toulouse. Souvent honorée comme la fondatrice du tiers-ordre du Carmel féminin.

Prions avec les textes de la messe

DU 1ER AU 31 MARS 2023

Partagez vos intentions de prière

....

....

....

....

....

....

....

....

....

Envoyez vos intentions de prière à :
Prions en Église, Intentions de prière, 18 rue Barbès, 92128 Montrouge Cedex.
Elles seront portées par les pèlerins qui partiront en Terre sainte, du 1er au 10 avril 2023.

MERCREDI 1ER MARS 2023

1RE SEMAINE DE CARÊME COULEUR LITURGIQUE : VIOLET

Temps du Carême, *messe de la férie*

Antienne d'ouverture

Rappelle-toi, Seigneur, ta tendresse, ton amour qui est de toujours. Ne laisse pas triompher nos ennemis. Libère-nous, Dieu d'Israël, de toutes nos angoisses. (cf. Ps 24, 6. 2. 22)

Prière

Regarde, Seigneur, avec bienveillance ton peuple qui cherche à mieux te servir : tandis que nous maîtrisons notre corps par des privations, accorde-nous d'agir selon le bien, et d'être renouvelés dans notre esprit. Par Jésus… ***— Amen.***

Lecture

du livre du prophète Jonas (3, 1-10)

« Les gens de Ninive se détournèrent de leur conduite mauvaise »

La parole du Seigneur fut adressée à Jonas : « Lève-toi, va à Ninive, la grande ville païenne, proclame le message que je te donne sur elle. » Jonas se leva et partit pour Ninive, selon la parole du Seigneur. Or, Ninive était une ville extraordinairement grande : il fallait trois jours pour la traverser. Jonas la parcourut une journée à peine en proclamant : « Encore quarante jours, et Ninive sera détruite ! » Aussitôt, les gens de Ninive crurent en Dieu. Ils annoncèrent un jeûne, et tous, du plus grand au plus petit,

se vêtirent de toile à sac. La chose arriva jusqu'au roi de Ninive. Il se leva de son trône, quitta son manteau, se couvrit d'une toile à sac, et s'assit sur la cendre. Puis il fit crier dans Ninive ce décret du roi et de ses grands : « Hommes et bêtes, gros et petit bétail, ne goûteront à rien, ne mangeront pas et ne boiront pas. Hommes et bêtes, on se couvrira de toile à sac, on criera vers Dieu de toute sa force, chacun se détournera de sa conduite mauvaise et de ses actes de violence. Qui sait* si Dieu ne se ravisera pas et ne se repentira pas, s'il ne reviendra pas de l'ardeur de sa colère ? Et alors nous ne périrons pas ! »
En voyant leur réaction, et comment ils se détournaient de leur conduite mauvaise, Dieu renonça au châtiment dont il les avait menacés.
– Parole du Seigneur.

Psaume 50 (51)

℟ ***Tu ne repousses pas, ô mon Dieu, un cœur brisé et broyé.***

Pitié pour moi, mon Dieu, dans ton amour,
selon ta grande miséricorde, efface mon péché.
Lave-moi tout entier de ma faute,
purifie-moi de mon offense. ℟

Crée en moi un cœur pur, ô mon Dieu,
renouvelle et raffermis
au fond de moi mon esprit.

Ne me chasse pas loin de ta face,
ne me reprends pas ton esprit saint. ℟

Si j'offre un sacrifice, tu n'en veux pas,
tu n'acceptes pas d'holocauste.
Le sacrifice qui plaît à Dieu, c'est un esprit brisé ;
tu ne repousses pas, ô mon Dieu,
un cœur brisé et broyé. ℟

Acclamation de l'Évangile

Gloire à toi, Seigneur, honneur, puissance et majesté ! Maintenant, dit le Seigneur, revenez à moi de tout votre cœur, car je suis tendre et miséricordieux. ***Gloire à toi, Seigneur, honneur, puissance et majesté !***

Évangile de Jésus Christ

selon saint Luc (11, 29-32)

« À cette génération il ne sera donné que le signe de Jonas le prophète »

En ce temps-là, comme les foules s'amassaient, Jésus se mit à dire : « Cette génération est une génération mauvaise : elle cherche un signe, mais en fait de signe il ne lui sera donné que le signe de Jonas. Car Jonas a été un signe pour les habitants de Ninive ; il en sera de même avec le Fils de l'homme pour cette génération. Lors du Jugement, la reine de Saba se dressera en même temps que les hommes de cette génération, et elle les condamnera. En effet, elle est venue des extrémités de la terre pour écouter la sagesse de Salomon, et il y a ici bien plus que Salomon. Lors du Jugement, les habitants de Ninive se lèveront en même temps que cette génération, et ils la condamneront ; en effet, ils se sont convertis en réponse à la proclamation faite par Jonas, et il y a ici bien plus que Jonas. »

Prière sur les offrandes

Nous te présentons, Seigneur, les biens que tu nous as donnés pour qu'ils soient consacrés à ton nom : et puisque tu en fais pour nous un sacrement, permets qu'ils nous apportent aussi l'éternelle guérison. Par le Christ, notre Seigneur.

— Amen.

Préface du Carême, p. 233.

Antienne de la communion

Allégresse pour tous ceux
qui espèrent en toi, Seigneur :
ils exulteront dans l'éternité
et tu habiteras parmi eux !

(cf. Ps 5, 12)

Prière après la communion

Seigneur Dieu, tu ne cesses pas de nous donner tes sacrements en nourriture ; fais que cet aliment, reçu de ta bonté, nous apporte la vie éternelle. Par le Christ, notre Seigneur.

— Amen.

Prière sur le peuple

Le prêtre peut dire la prière suivante :

Protège ton peuple, Seigneur ; dans ta miséricorde, purifie-le de tout péché, car nul malheur ne peut nuire à celui qu'aucun mal ne domine. Par le Christ, notre Seigneur. ***— Amen.***

INVITATION

Prière, jeûne, partage…

Sur quel geste vais-je me concentrer ce mois-ci pour le Carême ?

COMMENTAIRE

Grande annonce — Jonas 3, 1-10

« Encore quarante jours, et Ninive sera détruite ! » Les Ninivites ont cru. Ils se sont repentis aussitôt après l'avertissement du prophète Jonas. La parole de Dieu exige d'être écoutée si nous voulons opérer des merveilles et porter du fruit, telle la semence dans la terre qui l'accueille. Durant ce Carême, le Seigneur peut-il compter sur nous pour annoncer aux autres que Dieu pardonne toute faute ? ■

***Jean-Paul Musangania,** prêtre assomptionniste*

✲ CLÉ DE LECTURE

« Qui sait » — Jonas 3, 9 *(p. 14)*

La force de la Bible est d'instaurer le débat sur les questions les plus difficiles en se gardant de les clore. Le livre de Job a fermement dénoncé la théologie de la rétribution, refusant que le malheur soit châtiment de nos fautes, tandis que notre repentir serait récompensé par la protection de Dieu. C'est pourtant ce que Jonas a dû prêcher aux Ninivites ! Mais, tandis que Jonas s'indigne de la miséricorde de Dieu, le roi de Ninive reste sage : « Qui sait ? » Nul n'a la main sur Dieu et nous ne pouvons en faire un juge à notre image. Plutôt, puisque Dieu nous a confié le monde et nos frères, ne devrions-nous pas mettre en œuvre le meilleur de notre justice pour empêcher que la violence humaine ne déborde et ne détruise l'humanité et la terre ? ■

***Roselyne Dupont-Roc,** bibliste*

JEUDI 2 MARS 2023

1RE SEMAINE DE CARÊME COULEUR LITURGIQUE : VIOLET

Temps du Carême, *messe de la férie*

Antienne d'ouverture

Écoute mes paroles, Seigneur,
comprends ma plainte ;
entends ma voix qui t'appelle,
ô mon Roi et mon Dieu ! (Ps 5, 2-3)

Prière

Seigneur, nous t'en prions, inspire-nous de toujours penser ce qui est juste et de l'accomplir avec empressement ; et puisque sans toi nous ne pouvons exister, fais-nous vivre en accord avec toi. Par Jésus… ***— Amen.***

Lecture

du livre d'Esther (4, 17)

« Je n'ai pas d'autre secours que toi, Seigneur »

En ces jours-là, la reine Esther, dans l'angoisse mortelle qui l'étreignait, chercha refuge auprès du Seigneur. Se prosternant à terre avec ses servantes du matin jusqu'au soir, elle disait : « Dieu d'Abraham, Dieu d'Isaac, Dieu de Jacob, tu es béni. Viens à mon secours car je suis seule, et je n'ai pas d'autre défenseur que toi, Seigneur. Car je vais jouer avec le danger.

« Dans les livres de mes ancêtres, Seigneur, j'ai appris que ceux qui te

plaisent, tu les libères pour toujours, Seigneur. Et maintenant, aide-moi, car je suis solitaire et je n'ai que toi, Seigneur mon Dieu. Maintenant, viens me secourir car je suis orpheline, et mets sur mes lèvres un langage harmonieux quand je serai en présence de ce lion ; fais que je trouve grâce devant lui, et change son cœur : qu'il se mette à détester celui qui nous combat, qu'il le détruise avec tous ses partisans. Et nous, libère-nous de la main de nos ennemis ; rends-nous la joie après la détresse et le bien-être après la souffrance. »

– Parole du Seigneur.

Psaume 137 (138)

℟ ***Quand je crie vers toi, Seigneur, tu réponds à mon appel.***

De tout mon cœur, Seigne**u**r,
    je te rends grâce :
tu as entendu les par**o**les de ma bouche.
Je te chante en prés**e**nce des anges,
vers ton temple sacr**é**, je me prosterne. ℟

Je rends grâce à ton nom
    pour ton amo**u**r et ta vérité,
car tu élèves, au-dessus de tout,
    ton n**o**m et ta parole.
Le jour où tu répond**i**s à mon appel,
tu fis grandir en mon **â**me la force. ℟

Ta droite me r**e**nd vainqueur.
Le Seigneur fait to**u**t pour moi !
Seigneur, éter**ne**l est ton amour :
n'arrête pas l'œ**u**vre de tes mains. ℟

Acclamation de l'Évangile

Gloire et louange à toi, Seigneur Jésus ! Crée en moi un cœur pur, ô mon Dieu ; rends-moi la joie d'être sauvé. ***Gloire et louange à toi, Seigneur Jésus !***

Évangile de Jésus Christ

selon saint Matthieu (7, 7-12)

« Quiconque demande reçoit »

En ce temps-là, Jésus disait à ses disciples : « Demandez, on vous donnera ; cherchez, vous trouverez ; frappez, on vous ouvrira. En effet, quiconque demande reçoit ; qui cherche trouve ; à qui frappe, on ouvrira. Ou encore : lequel d'entre vous donnera une pierre à son fils quand il lui demande du pain ? ou bien lui donnera un serpent, quand il lui demande un poisson ? Si donc vous, qui êtes mauvais, vous savez donner de bonnes choses à vos enfants, combien plus votre Père qui est aux cieux donnera-t-il de bonnes choses à ceux qui les lui demandent !

« Donc, tout ce que vous voudriez que les autres fassent pour vous, faites-le pour eux*, vous aussi : voilà ce que disent la Loi et les Prophètes. »

Prière sur les offrandes

Sois favorable, Seigneur, aux supplications de ceux qui t'implorent ; reçois les dons et les prières de ton peuple, et tourne vers toi le cœur de chacun d'entre nous. Par le Christ, notre Seigneur. ***— Amen.***

Préface du Carême, p. 233.

Antienne de la communion

Quiconque demande reçoit ;
qui cherche trouve ;
à qui frappe, on ouvrira. (Mt 7, 8)

Prière après la communion

Nous t'en prions, Seigneur notre Dieu, toi qui nous donnes ces mystères très saints pour soutenir notre relèvement : fais qu'ils nous soient un remède maintenant et pour la vie future. Par le Christ, notre Seigneur. **– *Amen.***

Prière sur le peuple

Le prêtre peut dire la prière suivante :

Nous t'en prions, Seigneur, fais venir sur ceux qui te supplient la miséricorde qu'ils espèrent ; que leur soit accordée en abondance la grâce de reconnaître ce qu'ils doivent demander et de voir leurs prières exaucées. Par le Christ, notre Seigneur. **– *Amen.***

INVITATION

Aurai-je le courage, aujourd'hui, de sortir de moi-même, d'aller demander, de chercher, de frapper à une porte ?

COMMENTAIRE

Frappez et entrez Matthieu 7, 7-12

« Demandez, on vous donnera ; cherchez, vous trouverez ; frappez, on vous ouvrira. » Voilà trois consignes accompagnées de trois assurances de Jésus pour nous montrer combien Dieu ne peut ni nous délaisser ni rester sourd à notre prière. C'est dans l'abandon et la confiance que s'éprouve la qualité de notre foi. Elle nous fait entrer dans une relation plus authentique avec Dieu, elle nous ouvre la porte de l'entraide et de l'accueil. ■

***Jean-Paul Musangania**, prêtre assomptionniste*

✻ CLÉ DE LECTURE

« Faites-le pour eux » Matthieu 7, 12 *(p. 20)*

Surprenante conclusion d'un enseignement sur la prière, qui invitait à demander à Dieu sans relâche « les bonnes choses » que nous souhaitons. Luc, qui ne donne pas ce dernier verset, précise que Dieu nous donnera son Esprit Saint (Lc 11, 13). Mais Matthieu oriente le conseil autrement. Prier notre Père des cieux avec la conviction qu'il nous donnera ce qui est bon pour nous, c'est d'abord se transformer soi-même et tenter de correspondre à son image. Ce qui est bon pour nous, c'est d'entrer dans le regard que Dieu porte sur tout être humain, un regard de tendresse et de miséricorde. Plus modestement la « règle d'or », base de morale commune à tant de peuples anciens, peut alors nous inviter à agir envers l'autre comme nous voudrions que Dieu agisse pour nous. ■

***Roselyne Dupont-Roc**, bibliste*

VENDREDI 3 MARS 2023

1RE SEMAINE DE CARÊME COULEUR LITURGIQUE : VIOLET

Temps du Carême, *messe de la férie*

Antienne d'ouverture

Tire-moi de ma détresse, Seigneur.
Vois ma misère et ma peine,
enlève tous mes péchés. (cf. Ps 24, 17-18)

Prière

Accorde à tes fidèles, Seigneur, nous t'en prions, de s'appliquer comme il convient à la préparation de Pâques : que la pénitence imposée chaque année à notre corps porte en nous tous du fruit pour nos âmes. Par Jésus… ***– Amen.***

Lecture

du livre du prophète Ézékiel (18, 21-28)

« Prendrais-je donc plaisir à la mort du méchant, et non pas plutôt à ce qu'il se détourne de sa conduite et qu'il vive ? »

Ainsi parle le Seigneur Dieu : Si le méchant se détourne de tous les péchés qu'il a commis, s'il observe tous mes décrets, s'il pratique le droit et la justice, c'est certain, il vivra, il ne mourra pas. On ne se souviendra d'aucun des crimes qu'il a commis, il vivra à cause de la justice qu'il a pratiquée. Prendrais-je donc plaisir à la mort du méchant – oracle du Seigneur Dieu –, et non pas plutôt à ce qu'il se détourne de sa conduite et qu'il vive ?

Mais le juste, s'il se détourne de sa justice et fait le mal en imitant toutes les abominations du méchant, il le ferait et il vivrait ? Toute la justice qu'il avait pratiquée, on ne s'en souviendra plus* : à cause de son infidélité et de son péché, il mourra ! Et pourtant vous dites : « La conduite du Seigneur n'est pas la bonne. » Écoutez donc, fils d'Israël : est-ce ma conduite qui n'est pas la bonne ? N'est-ce pas plutôt la vôtre ? Si le juste se détourne de sa justice, commet le mal, et meurt dans cet état, c'est à cause de son mal qu'il mourra. Si le méchant se détourne de sa méchanceté pour pratiquer le droit et la justice, il sauvera sa vie. Il a ouvert les yeux et s'est détourné de ses crimes. C'est certain, il vivra, il ne mourra pas. – Parole du Seigneur.

Psaume 129 (130)

℟ ***Si tu retiens les fautes, Seigneur, Seigneur, qui subsistera ?***

Des profondeurs je crie vers t<u>o</u>i, Seigneur,
Seigneur, éco<u>u</u>te mon appel !
Que ton oreille se f<u>a</u>sse attentive
au cr<u>i</u> de ma prière ! ℟

Si tu retiens les fa<u>u</u>tes, Seigneur,
Seigneur, qu<u>i</u> subsistera ?
Mais près de toi se tro<u>u</u>ve le pardon
pour que l'h<u>o</u>mme te craigne. ℟

J'espère le Seigneur de to<u>u</u>te mon âme ;
je l'espère, et j'att<u>e</u>nds sa parole.
Mon âme att<u>e</u>nd le Seigneur
plus qu'un veilleur ne gu<u>e</u>tte l'aurore. ℟

Oui, près du Seigne<u>u</u>r, est l'amour ;
près de lui, ab<u>o</u>nde le rachat.
C'est lui qui rachèter<u>a</u> Israël
de to<u>u</u>tes ses fautes. ℟

Acclamation de l'Évangile

Ta parole, Seigneur, est vérité, et ta loi, délivrance. Rejetez tous les crimes que vous avez commis, faites-vous un cœur nouveau et un esprit nouveau. ***Ta parole, Seigneur, est vérité, et ta loi, délivrance.***

Évangile de Jésus Christ

selon saint Matthieu (5, 20-26)

« Va d'abord te réconcilier avec ton frère »

En ce temps-là, Jésus disait à ses disciples : « Je vous le dis : Si votre justice ne surpasse pas celle des scribes et des pharisiens, vous n'entrerez pas dans le royaume des Cieux. Vous avez appris qu'il a été dit aux anciens : *Tu ne commettras pas de meurtre,* et si quelqu'un commet un meurtre, il devra passer en jugement. Eh bien ! moi, je vous dis : Tout homme qui se met en colère contre son frère devra passer en jugement. Si quelqu'un insulte son frère, il devra passer devant le tribunal. Si quelqu'un le traite de fou, il sera passible de la géhenne de feu. Donc, lorsque tu vas présenter ton offrande à l'autel, si, là, tu te souviens que ton frère a quelque chose contre toi, laisse ton offrande, là, devant l'autel, va d'abord te réconcilier avec ton frère, et ensuite viens présenter ton offrande. Mets-toi vite d'accord avec ton adversaire pendant que tu es en chemin avec lui, pour éviter que ton adversaire ne te livre au juge, le juge au garde, et qu'on ne te jette en prison. Amen, je te le dis : tu n'en sortiras pas avant d'avoir payé jusqu'au dernier sou. »

Prière sur les offrandes

Accueille avec bonté, Seigneur, le sacrifice que nous te présentons : c'est par lui que tu as voulu nous réconcilier avec toi et nous rendre à la vie dans la puissance de ton amour. Par le Christ, notre Seigneur. ***– Amen.***

Préface du Carême, p. 233.

Antienne de la communion

Par ma vie – oracle du Seigneur
Dieu – je ne prends pas plaisir
à la mort du méchant,
je désire plutôt qu'il se détourne
de sa conduite et qu'il vive. (Ez 33, 11)

Prière après la communion

Que la nourriture sainte de ton sacrement nous renouvelle, Seigneur ; qu'elle nous purifie de nos anciennes manières de vivre pour nous faire participer au mystère du salut. Par le Christ, notre Seigneur. ***– Amen.***

Prière sur le peuple

Le prêtre peut dire la prière suivante :

Jette un regard de tendresse sur ton peuple, Seigneur : que se réalise intérieurement ce qu'il manifeste par une observance extérieure. Par le Christ, notre Seigneur. ***– Amen.***

INVITATION

C'est aujourd'hui la Journée mondiale de prière. Comment y participer ?
Je peux me renseigner sur ce mouvement (lire page 303).

COMMENTAIRE

À portée de main — Matthieu 5, 20-26

L'enseignement de Jésus fait entrer tout croyant dans son dessein d'amour et de justice pour le monde : « Va d'abord te réconcilier avec ton frère. » Mépriser, insulter ou manquer d'estime sont autant de sentiments destructeurs qui portent atteinte à la vie du prochain et peuvent mener jusqu'à l'irréparable, le meurtre. Ai-je la volonté de tendre la main le premier, dans une aventure de réconciliation ? ■

***Jean-Paul Musangania**, prêtre assomptionniste*

✻ CLÉ DE LECTURE

« On ne s'en souviendra plus » — Ézékiel 18, 24 *(p. 24)*

Le prophète met dans la bouche de Dieu ce dialogue que nous menons bien souvent en nous-mêmes : nous nous dressons contre lui, nous le trouvons injuste ou incompréhensible et nous sommes tentés de le rejeter. Et Dieu répond, il met toujours à mal nos pauvres raisonnements : Où est la véritable justice ? Quel droit avons-nous ? Nous voudrions que les coupables soient punis, et il faut que « le droit et la justice » soient honorés. Pourtant, une miséricorde plus grande est toujours à l'œuvre, Dieu ne veut pas le malheur du méchant. Dire qu'« on ne se souviendra d'aucun des crimes qu'il a commis », ce n'est pas gommer le passé ni minimiser les actes répréhensibles, c'est reconnaître que Dieu offre toujours et à tous la possibilité d'un nouveau départ pour la vie. ■

***Roselyne Dupont-Roc**, bibliste*

SAMEDI 4 MARS 2023

1RE SEMAINE DE CARÊME COULEUR LITURGIQUE : VIOLET

Temps du Carême, *messe de la férie*
(Saint Casimir)

Antienne d'ouverture

La loi du Seigneur est parfaite,
elle convertit les âmes ;
la charte du Seigneur est sûre,
qui rend sages les simples.
(cf. Ps 18, 8)

Prière

Tourne vers toi notre cœur, Père éternel, afin que, dans la recherche constante de l'unique nécessaire et en pratiquant la charité, nous te rendions hommage par toute notre vie. Par Jésus… ***— Amen.***

Lecture

du livre du Deutéronome (26, 16-19)

« Tu seras un peuple consacré au Seigneur ton Dieu »

Moïse disait au peuple d'Israël : « Aujourd'hui le Seigneur ton Dieu te commande de mettre en pratique ces décrets et ces ordonnances. Tu veilleras à les pratiquer de tout ton cœur et de toute ton âme. Aujourd'hui tu as obtenu du Seigneur cette déclaration : lui sera ton Dieu ; toi, tu suivras ses chemins, tu garderas ses décrets, ses

commandements et ses ordonnances, tu écouteras sa voix. Aujourd'hui le Seigneur a obtenu de toi cette déclaration : tu seras son peuple, son domaine particulier, comme il te l'a dit, tu devras garder tous ses commandements. Il te fera dépasser en prestige, renommée et gloire toutes les nations qu'il a faites, et tu seras un peuple consacré au Seigneur ton Dieu, comme il l'a dit. »
– Parole du Seigneur.

Psaume 118 (119)

℟ ***Heureux ceux qui marchent suivant la loi du Seigneur !***

Heureux les hommes intègres
dans leurs voies
qui marchent suivant la loi du Seigneur !
Heureux ceux qui gardent ses exigences,
ils le cherchent de tout cœur ! ℟

Toi, tu promulgues des préceptes
à observer entièrement.
Puissent mes voies s'affermir
à observer tes commandements ! ℟

D'un cœur droit, je pourrai
te rendre grâce,
instruit de tes justes décisions.
Tes commandements, je les observe :
ne m'abandonne pas entièrement. ℟

Acclamation de l'Évangile

Gloire au Christ, Parole éternelle du Dieu vivant. Gloire à toi, Seigneur. Voici maintenant le moment favorable, voici maintenant le jour du salut. ***Gloire au Christ, Parole éternelle du Dieu vivant. Gloire à toi, Seigneur.***

Évangile de Jésus Christ

selon saint Matthieu (5, 43-48)

Soyez parfaits comme votre Père céleste est parfait

En ce temps-là, Jésus disait à ses disciples : « Vous avez appris qu'il a été dit : *Tu aimeras ton prochain* et tu haïras ton ennemi. Eh bien ! moi, je vous dis : Aimez vos ennemis, et priez pour ceux qui vous persécutent, afin d'être vraiment les fils de votre Père qui est aux cieux ; car il fait lever son soleil sur les méchants et sur les bons, il fait tomber la pluie sur les justes et sur les injustes. En effet, si vous aimez ceux qui vous aiment, quelle récompense méritez-vous ? Les publicains eux-mêmes n'en font-ils pas autant ? Et si vous ne saluez que vos frères, que faites-vous d'extraordinaire ? Les païens eux-mêmes n'en font-ils pas autant ? Vous donc, vous serez parfaits comme votre Père céleste est parfait. »

Prière sur les offrandes

Nous t'en prions, Seigneur, que les saints mystères qui nous renouvellent, nous disposent à recevoir comme il convient le don qu'ils nous apportent. Par le Christ, notre Seigneur. — ***Amen.***

Préface du Carême, p. 233.

Antienne de la communion

Soyez parfaits comme votre Père
céleste est parfait, dit le Seigneur.
(cf. Mt 5, 48)

Prière après la communion

Que ta bienveillance, Seigneur, accompagne toujours ceux dont tu refais les forces par le sacrement divin ; tu les as instruits de tes enseignements : que le réconfort de ton salut les soutienne. Par le Christ, notre Seigneur.
— Amen.

Prière sur le peuple

Le prêtre peut dire la prière suivante :
Seigneur Dieu, que tes fidèles trouvent une force nouvelle dans la bénédiction qu'ils attendent de toi : qu'elle les aide à ne jamais s'écarter de ta volonté et à toujours se réjouir de tes bienfaits. Par le Christ, notre Seigneur. ***— Amen.***

INVITATION

Comment ma foi m'aide-t-elle à croire en ce monde, à aimer ceux qui me persécutent ? Ai-je déjà prié pour une personne qui me tourmente ?

COMMENTAIRE

Cet amour-là

Matthieu 5, 43-48

De temps en temps, nous avons de la peine à nous aimer les uns les autres. Nous traitons bien les autres uniquement s'ils sont d'accord avec nous. Pourtant, le Seigneur nous demande plus : « Aimez vos ennemis, et priez pour ceux qui vous persécutent. » L'amour et la prière sont les voies que le Seigneur nous confie sans équivoque pour nous libérer de l'amertume. Offrir ou accueillir le pardon, c'est faire tomber les barrières qui se dressent sur le chemin de l'entente. ■

Jean-Paul Musangania*, prêtre assomptionniste*

DIMANCHE 5 MARS 2023

2E DIMANCHE DE CARÊME

ANNÉE A – COULEUR LITURGIQUE : VIOLET

« Relevez-vous et soyez sans crainte ! »
Matthieu 17, 7

« Relevez-vous ! » Voilà la parole que Dieu nous dit sans cesse en son Fils. Nous sommes toujours en mouvement : nous quittons une terre, nous menons un combat pour la justice, nous donnons la vie ou nous nous battons pour la préserver. Lorsque nos forces s'épuisent, notre relation au Christ peut être le trait de lumière permettant de garder le cap de l'espérance.

RITES INITIAUX

Chant d'entrée *(Suggestions p. 256)*

OU

Antienne d'ouverture

Rappelle-toi, Seigneur, ta tendresse, ton amour qui est de toujours. Ne laisse pas triompher nos ennemis. Libère-nous, Dieu d'Israël, de toutes nos angoisses. (cf. Ps 24, 6. 2. 22)

OU

En mon cœur je t'ai dit : « Je cherche ton visage, c'est ta face, Seigneur, que je cherche : ne me cache pas ta face. »
(cf. Ps 26, 8-9)

Suggestion de préparation pénitentielle *(ou p. 227)*

En ce dimanche de Carême, demandons la miséricorde de Dieu, dont l'amour emplit la terre. Reconnaissons notre péché.

Seigneur Jésus, toi qui es notre guide sur les routes sinueuses de la vie, prends pitié de nous !

– Prends pitié de nous.

Ô Christ, toi qui nous donnes la vie en toutes circonstances, prends pitié de nous !

– Prends pitié de nous.

Seigneur, toi qui es bon et fidèle, prends pitié de nous !

– Prends pitié de nous.

Que Dieu tout-puissant nous fasse miséricorde ; qu'il nous pardonne nos péchés et nous conduise à la vie éternelle. ***– Amen.***

Pendant le Carême, on omet le Gloire à Dieu.

Prière

Seigneur Dieu, tu nous as dit d'écouter ton Fils bien-aimé ; fais-nous trouver dans ta parole la nourriture de notre vie spirituelle, afin que, d'un regard purifié, nous ayons la joie de contempler ta gloire. Par Jésus… ***– Amen.***

LITURGIE DE LA PAROLE

Lecture du livre de la Genèse (12, 1-4a)

Vocation d'Abraham, père du peuple de Dieu

En ces jours-là, le Seigneur dit à Abram : « Quitte ton pays, ta parenté et la maison de ton père, et va vers le pays que je te montrerai. Je ferai de toi une grande nation, je te bénirai, je rendrai grand ton nom, et tu deviendras une bénédiction. Je bénirai ceux qui te béniront ; celui qui te maudira, je le réprouverai. En toi seront bénies toutes les familles de la terre. »
Abram s'en alla, comme le Seigneur le lui avait dit, et Loth s'en alla avec lui.

– Parole du Seigneur.

Psaume 32 (33)

℟ ***Que ton amour, Seigneur, soit sur nous***
comme notre espoir est en toi !

T. : AELF ; M. : T. Ospital ; Éd. : ADF.

Oui, elle est droite, la parole du Seigneur ;
il est fidèle en tout ce qu'il fait.
Il aime le bon droit et la justice ;
la terre est remplie de son amour. ℟

Dieu veille sur ceux qui le craignent,
qui mettent leur espoir en son amour,
pour les délivrer de la mort,
les garder en vie aux jours de famine. ℟

Retrouvez
ce psaume sur le CD
"Les psaumes
de l'année A"

℟ ***Que ton amour, Seigneur, soit sur nous***
comme notre espoir est en toi !

Nous attendons notre vie du Seigneur :
il est pour nous un appui, un bouclier.
Que ton amour, Seigneur, soit sur nous
comme notre espoir est en toi ! ℟

Lecture de la deuxième lettre de saint Paul apôtre à Timothée (1, 8b-10)

Dieu nous appelle et nous éclaire

Fils bien-aimé, avec la force de Dieu, prends ta part des souffrances liées à l'annonce de l'Évangile. Car Dieu nous a sauvés, il nous a appelés à une vocation sainte, non pas à cause de nos propres actes, mais à cause de son projet à lui et de sa grâce. Cette grâce nous avait été donnée dans le Christ Jésus avant tous les siècles, et maintenant elle est devenue visible, car notre Sauveur, le Christ Jésus, s'est manifesté : il a détruit la mort, et il a fait resplendir la vie et l'immortalité par l'annonce de l'Évangile.
– Parole du Seigneur.

Acclamation de l'Évangile

Gloire au Christ, Parole éternelle du Dieu vivant. Gloire à toi, Seigneur. De la nuée lumineuse, la voix du Père a retenti : « Celui-ci est mon Fils bien-aimé, écoutez-le ! » ***Gloire au Christ, Parole éternelle du Dieu vivant. Gloire à toi, Seigneur.***

U77-01 ; T. : AELF ; M. : P. Robert ; ADF musique.

Évangile de Jésus Christ selon saint Matthieu (17, 1-9)

« Son visage devint brillant comme le soleil »

En ce temps-là, Jésus prit avec lui Pierre, Jacques et Jean son frère, et il les emmena à l'écart, sur une haute montagne. Il fut transfiguré devant eux ; son visage devint brillant comme le soleil, et ses vêtements, blancs comme la lumière. Voici que leur

apparurent Moïse et Élie, qui s'entretenaient avec lui. Pierre alors prit la parole et dit à Jésus : « Seigneur, il est bon que nous soyons ici ! Si tu le veux, je vais dresser ici trois tentes, une pour toi, une pour Moïse, et une pour Élie. » Il parlait encore, lorsqu'une nuée lumineuse les couvrit de son ombre, et voici que, de la nuée, une voix disait : « Celui-ci est mon Fils bien-aimé, en qui je trouve ma joie : écoutez-le ! » Quand ils entendirent cela, les disciples tombèrent face contre terre et furent saisis d'une grande crainte. Jésus s'approcha, les toucha et leur dit : « Relevez-vous et soyez sans crainte ! » Levant les yeux, ils ne virent plus personne, sinon lui, Jésus, seul.
En descendant de la montagne, Jésus leur donna cet ordre : « Ne parlez de cette vision à personne, avant que le Fils de l'homme soit ressuscité d'entre les morts. »

Homélie

Profession de foi *(p. 230)*

Suggestion de prière universelle

Le prêtre :

Sur cette route de Carême, ensemble, présentons à Dieu notre Père, la vie de notre monde.

℟ ***Accueille au creux de tes mains la prière de tes enfants.***

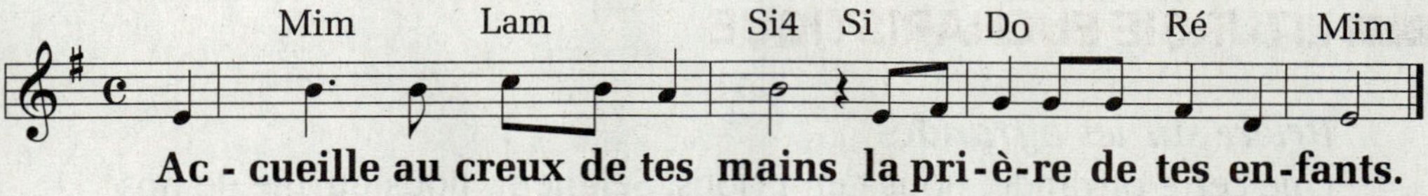

Y24-61; P. et M. G. Gafah; Le Triforium.

Le diacre ou un lecteur :

Prions pour l'Église, dont les membres sont appelés à témoigner de la présence lumineuse de Dieu. Demandons pour eux la cohérence et le discernement. ℟

Avec le pape François, prions pour les personnes victimes d'abus, afin qu'elles trouvent dans l'Église une réponse concrète à leur souffrance. Demandons pour elles la paix et la persévérance. ℟

Prions pour les migrants, les déplacés, celles et ceux que la violence oblige à fuir. Demandons pour eux l'espérance et la force de se reconstruire. ℟

Prions pour la communauté que nous formons. Demandons la grâce de choisir le Christ comme unique centre de notre vie et de nos intérêts. ℟

(Ces intentions seront adaptées ou modifiées selon les circonstances.)

Le prêtre :

Dieu notre Père, toi dont l'amour nous guide et nous rassure, écoute les prières que nous t'adressons de tout notre cœur et daigne les exaucer. Par Jésus, le Christ, notre Seigneur. **– *Amen.***

LITURGIE EUCHARISTIQUE

Prière sur les offrandes

Que cette offrande, nous t'en prions, Seigneur, nous purifie de nos péchés : qu'elle sanctifie le corps et l'esprit de tes fidèles, pour les préparer à célébrer les fêtes pascales. Par le Christ, notre Seigneur.

– *Amen.*

Prière eucharistique *(Préface du 2e dimanche de Carême)*

Vraiment, il est juste et bon, pour ta gloire et notre salut, de t'offrir notre action de grâce, toujours et en tout lieu, Seigneur, Père très saint, Dieu éternel et tout-puissant, par le Christ, notre Seigneur. Après avoir prédit sa mort à ses disciples, il leur a manifesté sa splendeur sur la montagne sainte en présence de Moïse et d'Élie. Ainsi la Loi et les Prophètes témoignaient qu'il parviendrait par la passion jusqu'à la gloire de la résurrection. C'est pourquoi, avec les puissances des cieux, nous pouvons te bénir sur la terre et t'adorer sans fin en proclamant : ***Saint ! Saint ! Saint…***

Chant de communion *(Suggestions p. 256)*

OU

Antienne de la communion

Celui-ci est mon Fils bien-aimé, en qui je trouve ma joie : écoutez-le !
(Mt 17, 5)

Prière après la communion

Après avoir communié, Seigneur, aux mystères de ta gloire, nous tenons à te rendre grâce, car tu nous donnes déjà sur cette terre d'avoir part aux biens du ciel. Par le Christ, notre Seigneur. ***– Amen.***

Prière sur le peuple

Le prêtre peut dire la prière suivante :

Seigneur, ne cesse pas de répandre ta bénédiction sur tes fidèles et donne-leur de s'attacher à l'Évangile de ton Fils unique ; alors, ils auront la force de tendre sans relâche vers la gloire dont il manifesta le rayonnement à ses Apôtres, et d'y parvenir eux-mêmes pour leur bonheur. Par le Christ, notre Seigneur. ***– Amen.***

RITE DE CONCLUSION

Bénédiction

Envoi

COMMENTAIRE DU DIMANCHE

Jean-Paul Sagadou, prêtre assomptionniste,
rédacteur en chef de *Prions en Église* Afrique

Quand le ciel et la terre se touchent !

On a le sentiment, en lisant l'évangile de la Transfiguration, que sur la montagne, le ciel et la terre se sont touchés. Et ce n'est pas qu'une affaire entre Jésus et son Père. Avec la présence de Pierre, Jacques et Jean, nous sommes tous associés à cet événement. Ils sont témoins de la lumière qui brille sur le visage du Christ. Ces trois-là n'étaient-ils pas aussi témoins de la résurrection de la fille de Jaïre ? Ils étaient là aussi, aux côtés de Jésus, à l'heure de son agonie. En les associant ainsi, Jésus les prépare à devenir les piliers de son Église.

Deux autres personnages sont présents, de manière invisible : Moïse et Élie. Deux grands personnages qui représentent la Loi et les prophètes. La Transfiguration se déroule sur une « haute montagne ». La montagne est le lieu par excellence des théophanies.

Elle sert de contact entre la terre et le ciel. Là, l'homme et Dieu se rencontrent. C'est aussi un endroit où l'homme s'élève vers Dieu et où Dieu se penche vers l'homme. Pour voir Dieu, il faut s'élever. Nos vies sont souvent confinées, engluées dans les banalités du quotidien. Nous peinons souvent à prendre de la hauteur. Le temps du Carême appelle à le faire, à nous mettre à l'écoute de la Parole. Et puis, comment oublier que la Transfiguration est une « étape » dans la marche de Jésus vers Jérusalem où il va vivre la Passion, la mort et la Résurrection ? La Transfiguration est, par conséquent, une anticipation de la gloire du Ressuscité, un signe que la lumière ne se laisse pas enfermer par les ténèbres, que la vie est plus forte que la mort.

Au-delà des difficultés de la vie, suis-je capable de percevoir le visage du Christ qui rayonne de lumière ?

Quelles sont les choses de la terre qui m'empêchent de répondre à mon identité de citoyen du ciel ? ■

PrionsenEglise junior

LIRE L'ÉVANGILE AVEC LES ENFANTS

CE QUE JE DÉCOUVRE

Deux signes nous révèlent ici que **Jésus est le Fils de Dieu** et que nous pouvons le suivre, comme Pierre, Jacques et Jean. Le premier signe est la présence de Moïse et d'Élie autour de Jésus. Cette présence nous indique qu'il est l'Envoyé promis par Dieu. Le deuxième signe est la voix du Père : **« Celui-ci est mon Fils bien-aimé, en qui je trouve ma joie : écoutez-le ! »** Nous pouvons avoir confiance en Jésus et sa parole.

CE QUE JE VIS

Quelles personnes te rendent joyeux ?
Quelles qualités un ami doit-il avoir ?
Quelles paroles de Jésus te donnent de la joie ?
Fabrique trois tentes en papier. Sur celle du milieu, écris le nom de Jésus. Sur les deux autres, écris les prénoms de celles et de ceux qui t'aident à croire.

Texte : Pierre-Marie Leroy. Illustrations : Marcelino Truong

MÉDITATION BIBLIQUE

2E DIMANCHE DE CARÊME

Évangile selon saint Matthieu 17, 1-9

Sous la conduite de la Parole

La liturgie ne cesse de nous rappeler que le Christ seul donne sens et saveur à notre vie, que lui seul nous ouvre un avenir de lumière et de bénédiction. L'accueil de ce don passe par l'écoute de la Parole.

Le temps de la préparation

« Seigneur, à qui irions-nous ? Tu as les paroles de la vie éternelle. » (Jn 6, 68)

Le temps de l'observation

Les disciples vivent un moment exceptionnel. Leurs yeux s'ouvrent sur la divinité de Jésus, enfouie dans son humanité. Après la première annonce de la Passion (Mt 16, 21-28), cette vision a pour fonction de les renforcer. Jésus ne subit pas un destin aveugle. Il marche en pleine conscience vers sa Pâque. Sa transfiguration (littéralement, son changement de « forme ») fait écho à l'hymne dans la lettre aux Philippiens, laquelle mentionne l'abandon de la « forme » de Dieu pour revêtir la « forme » de serviteur (cf. Ph 2, 6-7) ; autant signifier la liberté qui est la sienne. Cette •••

... vision annonce la résurrection de Jésus et son retour glorieux à la fin des temps ainsi que notre transfiguration, quand nous lui serons devenus semblables parce que nous le verrons tel qu'il est (1 Jn 3, 2). Mais ce temps n'est pas encore venu pour les disciples qui ont à cheminer, non dans la pleine vision, mais sous la guidance de la Parole en regardant Jésus dans son dialogue avec Moïse et Élie.

Le temps de la méditation

L'expérience ponctuelle des disciples nous renvoie aux rencontres que nous avons pu vivre avec Dieu, à ces moments privilégiés où nos yeux se sont ouverts. Mais nous savons qu'il nous a fallu redescendre dans la plaine, dans un quotidien plus ou moins heureux, plus ou moins fastidieux ou anxiogène. Et c'est là que la Parole vient nous rejoindre, nous accompagner, nous réconforter, nous recentrer sur celui qui est le Chemin, la Vérité et la Vie. Encore s'agit-il de l'écouter en nous ouvrant à l'altérité, en nous laissant déplacer et expulser de notre univers bien balisé, de nos certitudes comme de nos doutes. La première lecture, d'ailleurs, convoque Abraham qui partit sans savoir où il allait. Et « c'est parce qu'il ne savait pas où il allait qu'il se savait être dans la vérité » (Grégoire de Nysse, *Contre Eunome*). Car nous ne sommes pas appelés à nous construire un avenir selon nos vues, à nous sauver nous-mêmes (cf. Mc 15, 30), mais à nous laisser conduire par la Parole de vie.

Le temps de la prière

« Ta parole est une lampe pour mes pas, une lumière sur ma route. » (Ps 118, 105) ■

Emmanuelle Billoteau, ermite

LE SAINT DU MOIS

5 MARS : SAINT EUSÈBE DE CRÉMONE (MORT EN 423)

Un ami fidèle

De nombreux saints ont eu des personnalités si fortes qu'ils ont entraîné à leur suite des êtres en recherche et leur ont permis de devenir des disciples du Christ.

Tel fut le cas de saint Jérôme qui exerça une influence capitale sur plusieurs nobles romaines du IVe siècle (sainte Paula, sainte Marcella, sainte Léa…), mais aussi sur un jeune homme de la ville lombarde de Crémone : saint Eusèbe. Venu à Rome pour se recueillir sur les tombeaux des Apôtres, Eusèbe rencontra celui qui était alors le secrétaire influent du pape saint Damase Ier. Eusèbe fut impressionné par la science biblique de Jérôme (qui commençait à élaborer la Vulgate) et Jérôme fut touché par la piété •••

© Gaëtan Évrard

••• fervente de ce disciple inattendu. Dès lors, leurs destins allaient être liés. À l'été 385, quand Jérôme dut quitter Rome pour échapper à des campagnes de calomnies, le fidèle Eusèbe choisit de l'accompagner. Rejoints par sainte Paula et sa fille sainte Eustochium, ils allèrent prier sur les lieux marquants de la vie de Jésus, avant de s'établir à Bethléem. Eusèbe se fit moine dans le monastère fondé par Jérôme, où il se consacra à la prière, à la pénitence et à l'étude de l'Écriture sainte. En 398, Jérôme lui demanda de se rendre à Rome pour y vendre le reste de ses biens, ainsi que ceux de Paula. Avec l'argent récolté, Jérôme comptait faire bâtir une hôtellerie pour les pèlerins pauvres venus à Bethléem. À Rome, Eusèbe s'acquitta de sa tâche et se défit même de sa propre villa de Crémone. Dans le même temps, il se retrouva mêlé à la très vive querelle qui opposait Jérôme au prêtre Rufin : il défendit son maître et ami avec zèle. Rentré à Bethléem, Eusèbe reprit sa place aux côtés de saint Jérôme, avant de lui succéder en 420 comme abbé du monastère. Mort en 423, Eusèbe aurait été enterré près de Jérôme. On peut encore voir de nos jours, dans une grotte de la basilique de la Nativité, un autel qui lui est dédié. ■

Xavier Lecœur, journaliste et historien

UN SAINT POUR AUJOURD'HUI

Le prénom Eusèbe vient du grec « eusebes » qui signifie « pieux ».
Il fut porté par plusieurs saints de l'Antiquité chrétienne, dont saint Eusèbe de Crémone qui nous montre comment conjuguer foi et amitié, et comment servir Dieu en servant un éminent homme de Dieu.

LUNDI 6 MARS 2023

2E SEMAINE DE CARÊME COULEUR LITURGIQUE : VIOLET

Temps du Carême, *messe de la férie*

Antienne d'ouverture

Libère-moi, Seigneur, prends pitié de moi !
Sous mes pieds le terrain est sûr ;
dans l'assemblée je bénirai le Seigneur. (cf. Ps 25, 11-12)

Prière

Seigneur Dieu, pour guérir nos âmes, tu nous prescris de discipliner nos corps ; fais que nous puissions nous garder de tout péché et accomplir ainsi de tout cœur les préceptes de ton amour. Par Jésus… ***– Amen.***

Lecture

du livre du prophète Daniel (9, 4-10)

« Nous avons péché, nous avons commis l'iniquité »

Je fis au Seigneur mon Dieu cette prière et cette confession : « Ah ! toi Seigneur, le Dieu grand et redoutable, qui garde alliance et fidélité à ceux qui l'aiment et qui observent ses commandements, nous avons péché, nous avons commis l'iniquité, nous avons fait le mal, nous avons été rebelles, nous nous sommes détournés de tes commandements et de tes ordonnances. Nous n'avons pas écouté tes serviteurs les prophètes, qui ont parlé en ton nom à nos rois, à nos princes, à nos pères, à tout le

peuple du pays. À toi, Seigneur, la justice ; à nous la honte au visage, comme on le voit aujourd'hui pour les gens de Juda, pour les habitants de Jérusalem et de tout Israël, pour ceux qui sont près et pour ceux qui sont loin, dans tous les pays où tu les as chassés, à cause des infidélités qu'ils ont commises envers toi. Seigneur, à nous la honte au visage, à nos rois, à nos princes, à nos pères, parce que nous avons péché contre toi. Au Seigneur notre Dieu, la miséricorde et le pardon, car nous nous sommes révoltés contre lui, nous n'avons pas écouté la voix du Seigneur, notre Dieu, car nous n'avons pas suivi les lois qu'il nous proposait par ses serviteurs les prophètes. »

– Parole du Seigneur.

Psaume 78 (79)

℟ ***Seigneur, ne nous traite pas selon nos péchés.***

Combien de temps, Seigneur, durera ta colère ?
Ne retiens pas contre nous
les péchés de nos ancêtres :
que nous vienne bientôt ta tendresse,
car nous sommes à bout de force ! ℟

Aide-nous, Dieu notre Sauveur,
pour la gloire de ton nom !
Délivre-nous, efface nos fautes,
pour la cause de ton nom ! ℟

Que monte en ta présence
la plainte du captif !
Ton bras est fort : épargne ceux
qui doivent mourir.
Et nous, ton peuple,
le troupeau que tu conduis,
sans fin nous pourrons te rendre grâce. ℟

Acclamation de l'Évangile

Gloire à toi, Seigneur, Fils du Dieu vivant ! Tes paroles, Seigneur, sont esprit et elles sont vie. Tu as les paroles de la vie éternelle. ***Gloire à toi, Seigneur, Fils du Dieu vivant !***

Évangile de Jésus Christ

selon saint Luc (6, 36-38)

« Pardonnez, et vous serez pardonnés »

En ce temps-là, Jésus disait à ses disciples : « Soyez miséricordieux comme votre Père est miséricordieux. Ne jugez pas, et vous ne serez pas jugés ; ne condamnez pas, et vous ne serez pas condamnés. Pardonnez, et vous serez pardonnés. Donnez, et l'on vous donnera : c'est une mesure bien pleine, tassée, secouée, débordante, qui sera versée dans le pan de votre vêtement ; car la mesure dont vous vous servez pour les autres servira de mesure aussi pour vous. »

Prière sur les offrandes

Accueille avec bienveillance nos prières, Seigneur, et rends libres devant les séductions du monde ceux que tu appelles à te servir en ces mystères divins. Par le Christ, notre Seigneur. ***— Amen.***

Préface du Carême, p. 233.

Antienne de la communion

Soyez miséricordieux comme votre Père est miséricordieux, dit le Seigneur. (Lc 6, 36)

Prière après la communion

Que cette communion, Seigneur, nous purifie du péché et nous donne part aux joies du ciel. Par le Christ, notre Seigneur. ***— Amen.***

Prière sur le peuple

Le prêtre peut dire la prière suivante :

Affermis, Seigneur, le cœur de tes fidèles, rends-les forts par la puissance de ta grâce, afin qu'ils soient plus ardents à la prière et sincères dans l'amour mutuel. Par le Christ, notre Seigneur.

— Amen.

INVITATION

Quels gestes dans mes choix alimentaires suis-je prêt
à faire pour respecter la Création, pendant ce Carême ?

COMMENTAIRE

Une large mesure Daniel 9, 4-10 ; psaume 78 (79) ; Luc 6, 36-38

Le Carême est un temps de désencombrement : de notre suffisance comme de nos jugements et de nos rancœurs. Reconnaître que nous n'écoutons pas toujours, que nous sommes révoltés ou infidèles n'a pas le vent en poupe aujourd'hui. Mais tant Daniel que le psalmiste savent d'expérience qu'être en vérité devant Dieu nous libère et nous ouvre à la surabondance de son amour et, donc, de sa miséricorde. Et d'ailleurs comment pardonner à autrui si nous n'avons pas reçu nous-mêmes la « mesure bien pleine et bien tassée » ? ■

Emmanuelle Billoteau, *ermite*

MARDI 7 MARS 2023

2E SEMAINE DE CARÊME COULEUR LITURGIQUE : VIOLET

Temps du Carême, *messe de la férie*
(Sainte Perpétue et sainte Félicité)

Antienne d'ouverture

Donne la lumière à mes yeux,
garde-moi du sommeil de la mort,
que l'adversaire ne crie pas :
« Victoire ! » (Ps 12, 4-5)

Prière

Avec une inlassable bonté, Seigneur, veille sur ton Église ; comme, sans toi, l'homme mortel succombe, puisse ton aide constante nous arracher au mal et nous diriger vers le salut. Par Jésus… ***— Amen.***

Lecture

du livre du prophète Isaïe (1, 10. 16-20)

« Apprenez à faire le bien : recherchez le droit »

Écoutez la parole du Seigneur, vous qui êtes pareils aux chefs de Sodome ! Prêtez l'oreille à l'enseignement de notre Dieu, vous, peuple de Gomorrhe ! Lavez-vous, purifiez-vous, ôtez de ma vue vos actions mauvaises, cessez de faire le mal. Apprenez à faire le bien : recherchez le droit, mettez au pas l'oppresseur, rendez justice à l'orphelin, défendez la cause de la veuve. Venez, et discutons – dit le Seigneur. Si vos péchés sont comme

l'écarlate, ils deviendront aussi blancs que neige. S'ils sont rouges comme le vermillon, ils deviendront comme de la laine. Si vous consentez à m'obéir, les bonnes choses du pays, vous les mangerez ; mais si vous refusez, si vous vous obstinez, c'est l'épée qui vous mangera. – Oui, la bouche du Seigneur a parlé.

– Parole du Seigneur.

Psaume 49 (50)

℟ ***À celui qui veille sur sa conduite, je ferai voir le salut de Dieu.***

« Écoute, mon peuple, je parle ;
Israël, je te prends à témoin.
Je ne t'accuse pas pour tes sacrifices ;
tes holocaustes sont toujours
devant moi. ℟

« Vais-je manger la chair des taureaux
et boire le sang des béliers ?
Offre à Dieu le sacrifice d'action de grâce,
accomplis tes vœux envers le Très-Haut. ℟

« Qu'as-tu à réciter mes lois,
à garder mon alliance à la bouche,
toi qui n'aimes pas les reproches
et rejettes loin de toi mes paroles ? ℟

« Voilà ce que tu fais ;
garderai-je le silence ?
Penses-tu que je suis comme toi ?
Qui offre le sacrifice d'action de grâce,
celui-là me rend gloire. » ℟

Acclamation de l'Évangile

Ta parole, Seigneur, est vérité, et ta loi, délivrance. Rejetez tous les crimes que vous avez commis, faites-vous un cœur nouveau et un esprit nouveau. ***Ta parole, Seigneur, est vérité, et ta loi, délivrance.***

Évangile de Jésus Christ

selon saint Matthieu (23, 1-12)

« Ils disent et ne font pas »

En ce temps-là, Jésus s'adressa aux foules et à ses disciples, et il déclara : « Les scribes et les pharisiens enseignent dans la chaire de Moïse. Donc, tout ce qu'ils peuvent vous dire, faites-le et observez-le. Mais n'agissez pas d'après leurs actes, car ils disent et ne font pas. Ils attachent de pesants fardeaux, difficiles à porter, et ils en chargent les épaules des gens ; mais eux-mêmes ne veulent pas les remuer du doigt. Toutes leurs actions, ils les font pour être remarqués des gens : ils élargissent leurs phylactères et rallongent leurs franges ; ils aiment les places d'honneur dans les dîners, les sièges d'honneur dans les synagogues et les salutations sur les places publiques ; ils aiment recevoir des gens le titre de Rabbi. Pour vous, ne vous faites pas donner le titre de Rabbi, car vous n'avez qu'un seul maître pour vous enseigner, et vous êtes tous frères. Ne donnez à personne sur terre le nom de père*, car vous n'avez qu'un seul Père, celui qui est aux cieux. Ne vous faites pas non plus donner le titre de maîtres, car vous n'avez qu'un seul maître, le Christ. Le plus grand parmi vous sera votre serviteur. Qui s'élèvera sera abaissé, qui s'abaissera sera élevé. »

Prière sur les offrandes

Par ces mystères, Seigneur, Dieu de paix, accomplis en nous ton œuvre de sanctification ; qu'elle nous purifie des égarements de ce monde et nous conduise aux biens du ciel. Par le Christ, notre Seigneur. **— *Amen.*** *Préface du Carême, p. 233.*

Antienne de la communion

Je dirai tes innombrables merveilles ;
pour toi, j'exulterai,
je danserai, je fêterai ton nom,
Dieu Très-Haut.
(Ps 9, 2-3)

Prière après la communion

Nous t'en prions, Seigneur, que ce repas, pris à la table sainte, nous aide à vivre plus saintement, et nous procure ton inépuisable pardon. Par le Christ, notre Seigneur. — ***Amen.***

Prière sur le peuple

Le prêtre peut dire la prière suivante :

Sois favorable, Seigneur, aux supplications de tes fidèles, et guéris-les de toute lassitude : après avoir reçu la grâce du pardon, qu'ils éprouvent sans fin la joie de ta bénédiction. Par le Christ, notre Seigneur. — ***Amen.***

INVITATION

Qu'est-ce que j'apporte aux autres ? Suis-je appelé à aller plus loin dans certains engagements ?

COMMENTAIRE

Un seul maître — Matthieu 23, 1-12

Écouter, prêter l'oreille à la parole du Seigneur, le seul Père et le seul maître, peut suffire à donner sens à notre journée et à toute notre existence. Sa parole n'est-elle pas un chemin de vie et d'unification susceptible de nous garder de la tendance commune à dire et à ne pas faire, à exiger des autres ce dont nous nous dispensons ? Regardons aussi comment le Christ dans sa vie d'homme a vécu la Torah (Ex 20, 1-17) et s'est toujours tenu à l'écoute de celui qu'il nommait « Père ». ■

Emmanuelle Billoteau, *ermite*

❊ CLÉ DE LECTURE

« Ne donnez à personne [...] le nom de père » — Matthieu 23, 9 *(p. 55)*

Les Églises catholique et orthodoxe n'ont pas cru devoir honorer cette parole de Jésus, et le nom de « père » est encore utilisé sans aucune réticence par nombre de fidèles. Le goût des titres avec leur aura est un trait constant des sociétés humaines. On peut comprendre que l'image de bonté et de responsabilité liée au nom de « père » ait encouragé les chrétiens à nommer ainsi ceux qui reçoivent la charge de présider la communauté. Certains ordres religieux lui préfèrent cependant le nom de « frère ». De fait, Dieu, écrit Paul, a fait de son Fils « le premier-né d'une multitude de frères » (Rm 8, 29). C'est peut-être l'occasion de s'interroger sur les risques que comportent des expressions traditionnelles non réfléchies dans un monde qui a largement changé. ■

Roselyne Dupont-Roc, *bibliste*

MERCREDI 8 MARS 2023

2E SEMAINE DE CARÊME COULEUR LITURGIQUE : VIOLET

Temps du Carême, *messe de la férie*
(Saint Jean de Dieu)

Antienne d'ouverture

Ne m'abandonne jamais, Seigneur, mon Dieu, ne sois pas loin de moi. Viens vite à mon aide, Seigneur, mon salut ! (Ps 37, 22-23)

Prière

Garde ta famille, Seigneur : qu'elle ne cesse de progresser en faisant le bien ; assure-lui les secours nécessaires en cette vie pour la conduire, dans ta bonté, jusqu'aux dons du ciel. Par Jésus… ***– Amen.***

Lecture

du livre du prophète Jérémie (18, 18-20)

« Allons, attaquons-le »

Mes ennemis ont dit : « Allons, montons un complot contre Jérémie. La loi ne va pas disparaître par manque de prêtre, ni le conseil, par manque de sage, ni la parole, par manque de prophète. Allons, attaquons-le par notre langue, ne faisons pas attention à toutes ses paroles. » Mais toi, Seigneur, fais attention à moi, écoute ce que disent mes adversaires. Comment peut-on rendre le mal pour le bien ? Ils ont creusé une fosse pour me perdre. Souviens-toi que je me suis tenu en ta présence pour te parler en leur faveur, pour détourner d'eux ta colère. – Parole du Seigneur.

Psaume 30 (31)

℟ ***Sauve-moi, mon Dieu, par ton amour.***

Tu m'arraches au filet qu'ils m'ont tendu ;
oui, c'est toi mon abri.
En tes mains je remets mon esprit ;
tu me rachètes, Seigneur, Dieu de vérité. ℟

J'entends les calomnies de la foule :
de tous côtés c'est l'épouvante.
Ils ont tenu conseil contre moi,
ils s'accordent pour m'ôter la vie. ℟

Moi, je suis sûr de toi, Seigneur,
je dis : « Tu es mon Dieu ! »
Mes jours sont dans ta main : délivre-moi
des mains hostiles qui s'acharnent. ℟

Acclamation de l'Évangile

Gloire et louange à toi, Seigneur Jésus ! Moi, je suis la lumière du monde, dit le Seigneur. Celui qui me suit aura la lumière de la vie. ***Gloire et louange à toi, Seigneur Jésus !***

Évangile de Jésus Christ

selon saint Matthieu (20, 17-28)

« Ils le condamneront à mort »

En ce temps-là, Jésus, montant à Jérusalem, prit à part les Douze disciples et, en chemin, il leur dit : « Voici que nous montons à Jérusalem. Le Fils de l'homme sera livré aux grands prêtres et aux scribes, ils le condamneront à mort et le livreront aux nations païennes pour qu'elles se moquent de lui, le flagellent et le crucifient ; le troisième jour, il ressuscitera. »

Alors la mère des fils de Zébédée s'approcha de Jésus avec ses fils Jacques et Jean, et elle se prosterna pour lui faire une demande. Jésus lui dit : « Que veux-tu ? » Elle répondit : « Ordonne que mes deux fils que voici siègent, l'un à ta droite et l'autre à ta gauche, dans ton Royaume. » Jésus répondit : « Vous ne savez pas ce que vous demandez. Pouvez-vous boire la coupe que je vais boire ? » Ils lui disent : « Nous le pouvons. » Il leur dit : « Ma coupe, vous la boirez ; quant à siéger à ma droite et à ma gauche, ce n'est pas à moi de l'accorder ; il y a ceux pour qui cela est préparé par mon Père. » Les dix autres, qui avaient entendu, s'indignèrent contre les deux frères. Jésus les appela et dit : « Vous le savez : les chefs des nations les commandent en maîtres, et les grands font sentir leur pouvoir. Parmi vous, il ne devra pas en être ainsi : celui qui veut devenir grand parmi vous sera votre serviteur ; et celui qui veut être parmi vous le premier sera votre esclave. Ainsi, le Fils de l'homme n'est pas venu pour être servi, mais pour servir, et donner sa vie en rançon pour la multitude. »

Prière sur les offrandes

Regarde avec bonté, Seigneur, le sacrifice que nous te présentons ; et, par cet échange qui nous sanctifie, délivre-nous des entraves du péché. Par le Christ, notre Seigneur. — ***Amen.*** *Préface du Carême, p. 233.*

Antienne de la communion

Le Fils de l'homme n'est pas venu
pour être servi, mais pour servir,
et donner sa vie en rançon
pour la multitude.
(Mt 20, 28)

Prière après la communion

Nous t'en prions, Seigneur notre Dieu : puisque tu as voulu que ce sacrement soit pour nous gage d'immortalité, qu'il nous soit un secours en vue de l'éternel salut. Par le Christ, notre Seigneur. **— *Amen.***

Prière sur le peuple

Le prêtre peut dire la prière suivante :

Accorde, Seigneur, à ceux qui te servent l'abondance de ta protection et de ta grâce ; donne-leur le salut de l'âme et du corps, donne en plénitude l'amour fraternel, et fais que toujours ils s'attachent à toi. Par le Christ, notre Seigneur. **— *Amen.***

INVITATION

C'est la Journée internationale des droits des femmes. Si je lisais la biographie ou un ouvrage d'une femme inspirante : Hildegarde de Bingen, Etty Hillesum... ?

COMMENTAIRE

Phare de recul

Jérémie 18, 18-20

Jérémie et Jésus ont connu le rejet de leurs concitoyens. Voilà qui fait écho à ces versets du livre de la Sagesse : « Attirons le juste dans un piège [...]. Il est un démenti pour nos idées, sa seule présence nous pèse » (Sg 2, 12-14). Et en effet, comment aller au-delà des réactions parfois épidermiques suscitées par les remises en question plus ou moins profondes qui nous sont faites ? D'où l'importance du recul dans la prière, sans oublier de demander le don du discernement pour nous laisser configurer au Christ Serviteur. ■

Emmanuelle Billoteau, ermite

JEUDI 9 MARS 2023

2E SEMAINE DE CARÊME COULEUR LITURGIQUE : VIOLET

Temps du Carême, *messe de la férie*
(Sainte Françoise Romaine)

Antienne d'ouverture

Scrute-moi, mon Dieu, et tu connaîtras mon cœur. Vois si je prends le chemin du mal, et conduis-moi sur le chemin d'éternité. (cf. Ps 138, 23-24)

Prière

Seigneur Dieu, toi qui aimes l'innocence et la fais recouvrer, oriente vers toi le cœur de ceux qui te servent ; ainsi, animés par la ferveur de ton Esprit, ils seront fermes dans la foi et vraiment efficaces dans l'action. Par Jésus… ***– Amen.***

Lecture

du livre du prophète Jérémie (17, 5-10)

« Maudit soit l'homme qui met sa foi dans un mortel.
Béni soit l'homme qui met sa foi dans le Seigneur »

Ainsi parle le Seigneur : Maudit soit l'homme qui met sa foi dans un mortel, qui s'appuie sur un être de chair, tandis que son cœur se détourne du Seigneur. Il sera comme un buisson sur une terre désolée, il ne verra pas venir le bonheur. Il aura pour demeure les lieux arides du désert, une terre salée, inhabitable. Béni soit l'homme qui met sa foi dans le Seigneur, dont le Seigneur est la confiance. Il sera comme un arbre, planté près des eaux, qui pousse, vers le courant, ses racines. Il ne

craint pas quand vient la chaleur : son feuillage reste vert. L'année de la sécheresse, il est sans inquiétude : il ne manque pas de porter du fruit. Rien n'est plus faux que le cœur de l'homme, il est incurable. Qui peut le connaître ? Moi, le Seigneur, qui pénètre les cœurs et qui scrute les reins, afin de rendre à chacun selon sa conduite, selon le fruit de ses actes.
– Parole du Seigneur.

Psaume 1

℟ ***Heureux est l'homme qui met sa foi dans le Seigneur.***

Heureux est l'homme qui n'entre pas
au cons**e**il des méchants,
qui ne suit pas le chem**i**n des pécheurs,
ne siège pas avec ce**u**x qui ricanent,
mais se plaît dans la l**o**i du Seigneur
et murmure sa l**o**i jour et nuit ! ℟

Il est comme un arbre
plant**é** près d'un ruisseau,
qui donne du fru**i**t en son temps,
et jamais son feuill**a**ge ne meurt ;
tout ce qu'il entrepr**e**nd réussira.
Tel n'est pas le s**o**rt des méchants. ℟

Mais ils sont comme la paille
balay**é**e par le vent.
Le Seigneur connaît le chem**i**n des justes,
mais le chemin des méch**a**nts se perdra. ℟

Acclamation de l'Évangile

Ta parole, Seigneur, est vérité, et ta loi, délivrance. Heureux ceux qui ont entendu la Parole dans un cœur bon et généreux, qui la retiennent et portent du fruit par leur persévérance. ***Ta parole, Seigneur, est vérité, et ta loi, délivrance.***

Évangile de Jésus Christ

selon saint Luc (16, 19-31)

« Tu as reçu le bonheur, et Lazare, le malheur.
Maintenant, lui, il trouve ici la consolation, et toi, la souffrance »

En ce temps-là, Jésus disait aux pharisiens : « Il y avait un homme riche, vêtu de pourpre et de lin fin, qui faisait chaque jour des festins somptueux. Devant son portail gisait un pauvre nommé Lazare, qui était couvert d'ulcères. Il aurait bien voulu se rassasier de ce qui tombait de la table du riche ; mais les chiens, eux, venaient lécher ses ulcères. Or le pauvre mourut, et les anges l'emportèrent auprès d'Abraham. Le riche mourut aussi, et on l'enterra.

« Au séjour des morts, il était en proie à la torture ; levant les yeux, il vit Abraham de loin et Lazare tout près de lui. Alors il cria : "Père Abraham, prends pitié de moi et envoie Lazare tremper le bout de son doigt dans l'eau pour me rafraîchir la langue, car je souffre terriblement dans cette fournaise.

– Mon enfant, répondit Abraham, rappelle-toi : tu as reçu le bonheur pendant ta vie, et Lazare, le malheur pendant la sienne. Maintenant, lui, il trouve ici la consolation, et toi, la souffrance. Et en plus de tout cela, un grand abîme a été établi entre vous et nous, pour que ceux qui voudraient

passer vers vous ne le puissent pas, et que, de là-bas non plus, on ne traverse pas vers nous."
« Le riche répliqua : "Eh bien ! père, je te prie d'envoyer Lazare dans la maison de mon père. En effet, j'ai cinq frères : qu'il leur porte son témoignage, de peur qu'eux aussi ne viennent dans ce lieu de torture !" Abraham lui dit : "Ils ont Moïse et les Prophètes : qu'ils les écoutent ! – Non, père Abraham, dit-il, mais si quelqu'un de chez les morts vient les trouver, ils se convertiront." Abraham répondit : "S'ils n'écoutent pas Moïse ni les Prophètes, quelqu'un pourra bien ressusciter d'entre les morts : ils ne seront pas convaincus." »

Prière sur les offrandes

Par le sacrifice que nous célébrons aujourd'hui, nous t'en prions, Seigneur, sanctifie nos œuvres de pénitence, pour que ce dont témoignent extérieurement les efforts du Carême produise ses effets à l'intérieur de nous-mêmes. Par le Christ, notre Seigneur. ***– Amen.***

Préface du Carême, p. 233.

Antienne de la communion

Heureux les hommes
intègres dans leurs voies
qui marchent suivant la loi
du Seigneur ! (Ps 118, 1)

Prière après la communion

Seigneur Dieu, que ce sacrifice demeure agissant en nous et prolonge son effet dans notre vie. Par le Christ, notre Seigneur. ***– Amen.***

Prière sur le peuple

Le prêtre peut dire la prière suivante :

Sois proche, Seigneur, de ceux qui te servent et qui implorent le secours de ta grâce, afin qu'ils trouvent en toi un rempart qui protège et une conduite de vie. Par le Christ, notre Seigneur.

— Amen.

INVITATION

Quelle parole puis-je échanger avec des personnes sans-abri, handicapées ou avec des migrants ?

COMMENTAIRE

Question de confiance

Jérémie 17, 5-10 ; psaume 1 ; Luc 16, 19-31

La première lecture, le psaume et l'évangile ont en commun de présenter des destins opposés, dans lesquels la confiance en Dieu fait la différence – n'oublions pas que le nom de Lazare connote le secours de Dieu. L'autosuffisance, la fermeture sur soi, sur son avoir (matériel, culturel ou spirituel) n'engendre pas la vie. La confiance, même dans la pauvreté extrême, conduit dans la proximité d'Abraham et, donc, du Seigneur. À chacun de puiser dans sa propre expérience, et celle d'autrui, des raisons d'avoir confiance et d'espérer. ■

***Emmanuelle Billoteau**, ermite*

VENDREDI 10 MARS 2023

2[E] SEMAINE DE CARÊME COULEUR LITURGIQUE : VIOLET

Temps du Carême, *messe de la férie*

Antienne d'ouverture

En toi, Seigneur, j'ai mon refuge ; garde-moi d'être humilié pour toujours. Tu m'arraches au filet qu'ils m'ont tendu, oui, c'est toi mon abri. (Ps 30, 2. 5)

Prière

Nous t'en prions, Dieu tout-puissant : en ce temps où notre effort de pénitence nous purifie, accorde-nous de parvenir dans la droiture de l'esprit aux fêtes pascales qui approchent. Par Jésus… ***— Amen.***

Lecture

du livre de la Genèse (37, 3-4. 12-13a. 17b-28)

« Voici l'expert en songes qui arrive ! Allons-y, tuons-le »

Israël, c'est-à-dire Jacob, aimait Joseph plus que tous ses autres enfants, parce qu'il était le fils de sa vieillesse, et il lui fit faire une tunique de grand prix. En voyant qu'il leur préférait Joseph, ses autres fils se mirent à détester celui-ci, et ils ne pouvaient plus lui parler sans hostilité. Les frères de Joseph étaient allés à Sichem faire paître le troupeau de leur père. Israël dit à Joseph : « Tes frères ne gardent-ils pas le troupeau à Sichem ? Va donc les trouver de ma part ! » Joseph les trouva à Dotane. Ceux-ci l'aperçurent de loin et, avant qu'il arrive près d'eux, ils complotèrent de le faire mourir. Ils se

dirent l'un à l'autre : « Voici l'expert en songes qui arrive ! C'est le moment, allons-y, tuons-le, et jetons-le dans une de ces citernes. Nous dirons qu'une bête féroce l'a dévoré, et on verra ce que voulaient dire ses songes ! » Mais Roubène les entendit, et voulut le sauver de leurs mains. Il leur dit : « Ne touchons pas à sa vie. » Et il ajouta : « Ne répandez pas son sang : jetez-le dans cette citerne du désert, mais ne portez pas la main sur lui. » Il voulait le sauver de leurs mains et le ramener à son père. Dès que Joseph eut rejoint ses frères, ils le dépouillèrent de sa tunique, la tunique de grand prix qu'il portait, ils se saisirent de lui et le jetèrent dans la citerne, qui était vide et sans eau. Ils s'assirent ensuite pour manger. En levant les yeux, ils virent une caravane d'Ismaélites qui venait de Galaad. Leurs chameaux étaient chargés d'aromates, de baume et de myrrhe qu'ils allaient livrer en Égypte. Alors Juda dit à ses frères : « Quel profit aurions-nous à tuer notre frère et à dissimuler sa mort ? Vendons-le plutôt aux Ismaélites et ne portons pas la main sur lui, car il est notre frère, notre propre chair. » Ses frères l'écoutèrent. Des marchands madianites qui passaient par là retirèrent Joseph de la citerne, ils le vendirent pour vingt pièces d'argent aux Ismaélites, et ceux-ci l'emmenèrent en Égypte.

– Parole du Seigneur.

Psaume 104 (105)

℟ ***Souvenez-vous des merveilles que le Seigneur a faites.***

Cherchez le Seigneur et sa puissance,
souvenez-vous des merveilles qu'il a faites,
vous, la race d'Abraham son serviteur,
les fils de Jacob, qu'il a choisis. ℟

Il appela sur le pays la famine,
le privant de toute ressource.
Mais devant eux il envoya un homme,
Joseph, qui fut vendu comme esclave. ℟

On lui met aux pieds des entraves,
on lui passe des fers au cou ;
il souffrait pour la parole du Seigneur,
jusqu'au jour où s'accomplit sa prédiction. ℟

Le roi ordonne qu'il soit relâché,
le maître des peuples, qu'il soit libéré.
Il fait de lui le chef de sa maison,
le maître de tous ses biens. ℟

Acclamation de l'Évangile

Louange à toi, Seigneur, Roi d'éternelle gloire ! Dieu a tellement aimé le monde qu'il a donné son Fils unique, afin que ceux qui croient en lui aient la vie éternelle. ***Louange à toi, Seigneur, Roi d'éternelle gloire !***

Évangile de Jésus Christ

selon saint Matthieu (21, 33-43. 45-46)

« Voici l'héritier : venez ! tuons-le ! »

En ce temps-là, Jésus disait aux grands prêtres et aux anciens du peuple : « Écoutez cette parabole : Un homme était propriétaire d'un domaine ; il planta une vigne, l'entoura d'une clôture, y creusa un pressoir et bâtit une tour de garde. Puis il loua cette vigne à des vignerons, et partit en voyage. Quand arriva le temps des fruits, il envoya ses serviteurs auprès des vignerons pour se faire remettre le produit de sa vigne. Mais les vignerons se saisirent des serviteurs, frappèrent l'un, tuèrent l'autre, lapidèrent le troisième. De nouveau, le propriétaire envoya d'autres serviteurs plus nombreux que les premiers ; mais on les traita de la même façon. Finalement, il leur envoya son fils, en se disant : “Ils respecteront mon fils.” Mais, voyant le fils, les vignerons se dirent entre eux : “Voici l'héritier : venez ! tuons-le, nous aurons son héritage !” Ils se saisirent de lui, le jetèrent hors de la vigne et le tuèrent. Eh bien ! quand le maître de la vigne viendra, que fera-t-il à ces vignerons ? » On lui répond : « Ces misérables, il les fera périr misérablement. Il louera la vigne à d'autres vignerons, qui lui en remettront le produit en temps voulu. » Jésus leur dit : « N'avez-vous jamais lu dans les Écritures : *La pierre qu'ont rejetée les bâtisseurs est devenue la pierre d'angle : c'est là l'œuvre du Seigneur, la merveille devant nos yeux !* Aussi, je vous le dis : Le royaume de Dieu vous sera enlevé pour être donné à une nation qui lui fera produire ses fruits. »

En entendant les paraboles de Jésus, les grands prêtres et les pharisiens avaient bien compris qu'il parlait d'eux. Tout en cherchant à l'arrêter, ils eurent peur des foules, parce qu'elles le tenaient pour un prophète.

Prière sur les offrandes

Nous t'en prions, Seigneur Dieu, que ta tendresse devance tes serviteurs, comme toi seul sais le faire ; qu'elle nous conduise dans une vie sainte à célébrer pleinement ces mystères. Par le Christ, notre Seigneur. ***— Amen.***

Préface du Carême, p. 233.

Antienne de la communion

Dieu nous a aimés et il a envoyé son Fils en sacrifice de pardon pour nos péchés. (1 Jn 4, 10)

Prière après la communion

Nous avons reçu, Seigneur, le gage du salut éternel, et nous te prions : accorde-nous de tendre vers lui de manière à y parvenir. Par le Christ, notre Seigneur. ***— Amen.***

Prière sur le peuple

Le prêtre peut dire la prière suivante :

Nous t'en prions, Seigneur, donne à ton peuple le salut de l'âme et du corps ; qu'en s'attachant à faire le bien, il puisse compter toujours sur ta protection. Par le Christ, notre Seigneur. ***— Amen.***

INVITATION

Le 10 mars, les Religieuses de l'Assomption fêtent sainte Marie-Eugénie Milleret, leur fondatrice. C'est l'occasion de prier pour l'ensemble de la famille assomptionniste.

COMMENTAIRE

Jaloux de tout Genèse 37, 3-4. 12-13a. 17b-28 ; Matthieu 21, 33-43. 45-46

Les textes nous donnent à méditer sur la jalousie : celle des frères de Joseph et celle des vignerons à l'égard de l'héritier. Ce faisant, ils nous invitent à progresser et à nous laisser délivrer de ce qui entrave notre relation à Dieu, à nous-mêmes et à nos semblables. La jalousie n'est-elle pas due, entre autres, à notre refus de l'altérité, à une fausse conception de l'égalité et à une vision étriquée d'un Dieu à notre image ? D'où l'urgence de nous recentrer sur la surabondance de son amour ! ■

Emmanuelle Billoteau, *ermite*

SAMEDI 11 MARS 2023

2E SEMAINE DE CARÊME COULEUR LITURGIQUE : VIOLET

Temps du Carême, *messe de la férie*

Antienne d'ouverture

**Le Seigneur est tendresse et pitié, lent à la colère
et plein d'amour ; la bonté du Seigneur est pour tous,
sa tendresse, pour toutes ses œuvres.** (Ps 144, 8-9)

Prière

Seigneur Dieu, par les secours de ta grâce divine, tu nous associes déjà aux biens du ciel alors que nous sommes encore sur la terre ; nous t'en prions : dirige-nous toi-même en cette vie afin de nous conduire jusqu'à cette lumière où tu demeures. Par Jésus… — ***Amen.***

Lecture

du livre du prophète Michée (7, 14-15. 18-20)

« Tu jetteras au fond de la mer tous nos péchés ! »

Seigneur, avec ta houlette, sois le pasteur de ton peuple, du troupeau qui t'appartient, qui demeure isolé dans le maquis, entouré de vergers. Qu'il retrouve son pâturage à Bashane et Galaad, comme aux jours d'autrefois ! Comme aux jours où tu sortis d'Égypte, tu lui feras voir des merveilles !

Qui est Dieu comme toi, pour enlever le crime, pour passer sur la révolte comme tu le fais à l'égard du

reste, ton héritage : un Dieu qui ne s'obstine pas pour toujours dans sa colère mais se plaît à manifester sa faveur ? De nouveau, tu nous montreras ta miséricorde, tu fouleras aux pieds nos crimes, tu jetteras au fond de la mer tous nos péchés ! Ainsi tu accordes à Jacob ta fidélité, à Abraham ta faveur, comme tu l'as juré à nos pères depuis les jours d'autrefois.
– Parole du Seigneur.

Psaume 102 (103)

℟ ***Le Seigneur est tendresse et pitié.***

Bénis le Seigneur, ô mon âme,
bénis son nom très saint, tout mon être !
Bénis le Seigneur, ô mon âme,
n'oublie aucun de ses bienfaits ! ℟

Car il pardonne toutes tes offenses
et te guérit de toute maladie ;
il réclame ta vie à la tombe
et te couronne d'amour et de tendresse ! ℟

Il n'est pas pour toujours en procès,
ne maintient pas sans fin ses reproches ;
il n'agit pas envers nous selon nos fautes,
ne nous rend pas selon nos offenses. ℟

Comme le ciel domine la terre,
fort est son amour pour qui le craint ;
aussi loin qu'est l'orient de l'occident,
il met loin de nous nos péchés. ℟

Acclamation de l'Évangile

Ta parole, Seigneur, est vérité, et ta loi, délivrance. Je me lèverai, j'irai vers mon père, et je lui dirai : Père, j'ai péché contre le ciel et envers toi. ***Ta parole, Seigneur, est vérité, et ta loi, délivrance.***

Évangile de Jésus Christ

selon saint Luc (15, 1-3. 11-32)

« Ton frère que voilà était mort, et il est revenu à la vie »

En ce temps-là, les publicains et les pécheurs venaient tous à Jésus pour l'écouter. Les pharisiens et les scribes récriminaient contre lui : « Cet homme fait bon accueil aux pécheurs, et il mange avec eux ! » Alors Jésus leur dit cette parabole : « Un homme avait deux fils. Le plus jeune dit à son père : "Père, donne-moi la part de fortune qui me revient." Et le père leur partagea ses biens. Peu de jours après, le plus jeune rassembla tout ce qu'il avait, et partit pour un pays lointain où il dilapida sa fortune en menant une vie de désordre. Il avait tout dépensé, quand une grande famine survint dans ce pays, et il commença à se trouver dans le besoin. Il alla s'engager auprès d'un habitant de ce pays, qui l'envoya dans ses champs garder les porcs. Il aurait bien voulu se remplir le ventre avec les gousses que mangeaient les porcs, mais personne ne lui donnait rien. Alors il rentra en lui-même et se dit : "Combien d'ouvriers de mon père ont du pain en abondance, et moi, ici, je meurs de faim ! Je me lèverai, j'irai vers mon père, et je lui dirai : Père, j'ai péché contre le ciel et envers toi. Je ne suis plus digne d'être appelé ton fils. Traite-moi comme l'un de tes ouvriers." Il se leva et s'en alla vers son père. Comme il était encore loin, son père l'aperçut et fut saisi de compassion ; il courut se jeter à son cou et le couvrit de baisers. Le fils lui dit : "Père, j'ai péché contre le ciel et envers toi. Je ne suis plus digne d'être appelé ton fils." Mais le père dit à ses serviteurs : "Vite, apportez le plus beau vêtement pour l'habiller, mettez-lui une bague au doigt et des sandales aux pieds, allez chercher le veau gras, tuez-le, mangeons et festoyons, car mon fils que voilà était mort, et il est revenu à la vie ; il était perdu, et il est retrouvé." Et ils commencèrent à festoyer.

« Or le fils aîné était aux champs. Quand il revint et fut près de la maison, il entendit la musique et les danses. Appelant un des serviteurs, il s'informa de ce qui se passait. Celui-ci répondit : "Ton frère est arrivé, et ton père a tué le veau gras, parce qu'il a retrouvé ton frère en bonne santé." Alors le fils aîné se mit en colère, et il refusait d'entrer. Son père sortit le supplier. Mais il répliqua à son père : "Il y a tant d'années que je suis à ton service sans avoir jamais transgressé tes ordres, et jamais tu ne m'as donné un chevreau pour festoyer avec mes amis. Mais, quand ton fils que voilà est revenu après avoir dévoré ton bien avec des prostituées, tu as fait tuer pour lui le veau gras !" Le père répondit : "Toi, mon enfant, tu es toujours avec moi, et tout ce qui est à moi est à toi. Il fallait festoyer et se réjouir ; car ton frère que voilà était mort, et il est revenu à la vie ; il était perdu, et il est retrouvé !" »

Prière sur les offrandes

Nous t'en prions, Seigneur, que par ces mystères la rédemption porte en nous ses fruits, nous fasse éviter tout écart dans notre vie et nous mène vers les biens du salut. Par le Christ, notre Seigneur. ***– Amen.***

Préface du Carême, p. 233.

Antienne de la communion

Il faut te réjouir, mon fils ;
car ton frère était mort, et il est
revenu à la vie ; il était perdu,
et il est retrouvé ! (Lc 15, 32)

Prière après la communion

Nous avons reçu ton sacrement divin, Seigneur : qu'il nous atteigne au plus intime de notre cœur et nous communique sa puissance. Par le Christ, notre Seigneur. ***— Amen.***

Prière sur le peuple

Le prêtre peut dire la prière suivante :

Dans ta miséricorde, Seigneur, prête une oreille attentive aux prières de ceux qui te supplient ; et afin de pouvoir exaucer leurs désirs, fais-leur demander ce qui te plaît. Par le Christ, notre Seigneur. ***— Amen.***

INVITATION

Demain, sera célébré le premier des trois scrutins des catéchumènes.

Et si je priais pour eux ?

COMMENTAIRE

Retour vers Dieu Michée 7, 14-15. 18-20 ; Luc 15, 1-3. 11-32

« Qui est Dieu comme toi ? » Cette interrogation qui relève de l'émerveillement suppose d'avoir pris le temps de s'arrêter sur les hauts faits accomplis par le Seigneur. Elle peut également servir de ligne de fond à notre lecture de l'évangile. Oui, Dieu se réjouit de nos retours, de nos avancées. Prenons le temps de le contempler et de conscientiser ce qui nous empêche d'avoir cette même attitude. L'enjeu n'est-il pas d'éviter l'amertume du frère aîné de la parabole et d'entrer dans la joie de Dieu ? ■

Emmanuelle Billoteau, *ermite*

DIMANCHE 12 MARS 2023

3E DIMANCHE DE CARÊME

ANNÉE A - COULEUR LITURGIQUE : VIOLET

« Si tu savais le don de Dieu. »
Jean 4, 10

« Pourquoi ? » Ce cri du peuple d'Israël est souvent le nôtre. Il ne trouve pas de réponse directe mais Dieu fait jaillir l'eau du rocher. La Samaritaine pose des questions sur l'identité de Jésus, des questions d'étonnement… La continuelle présence du Seigneur à nos côtés permet de traverser les « pourquoi ? » sans réponse et de garder notre capacité d'émerveillement.

RITES INITIAUX

Si, dans l'assemblée de ce dimanche, des catéchumènes se préparent au baptême, on peut employer les oraisons et intercessions propres prévues par le Missel.

Chant d'entrée *(Suggestions p. 256)*

OU

Antienne d'ouverture

J'ai toujours les yeux tournés vers le Seigneur :
il tirera mes pieds du filet. Regarde, et prends pitié de moi,
de moi qui suis seul et misérable. (cf. Ps 24, 15-16)

OU

Quand je manifesterai, par vous, ma sainteté, je vous rassemblerai
de tous les pays, dit le Seigneur. Je répandrai sur vous
une eau pure, et vous serez purifiés de toutes vos souillures.
Et je mettrai en vous un esprit nouveau. (cf. Ez 36, 23-26)

Suggestion de préparation pénitentielle *(ou p. 227)*

Dieu est toujours là pour manifester son amour. Tournons-nous vers son visage de miséricorde, reconnaissons que nous sommes pécheurs.

Seigneur Jésus, lorsque nous manquons d'eau, tu te fais source en nous, béni sois-tu et prends pitié de nous !

— Béni sois-tu et prends pitié de nous !

Ô Christ, lorsque nous sommes étrangers ou exclus, tu viens t'asseoir au bord de notre puits, béni sois-tu et prends pitié de nous !

— Béni sois-tu et prends pitié de nous !
Seigneur, lorsque nous nous sentons fragiles et incapables d'avancer, tu recrées en nous la possibilité de vivre, béni sois-tu et prends pitié de nous ! ***— Béni sois-tu et prends pitié de nous !***

Que Dieu tout-puissant nous fasse miséricorde ; qu'il nous pardonne nos péchés et nous conduise à la vie éternelle. ***— Amen.***

Pendant le Carême, on omet le Gloire à Dieu.

Prière

Seigneur Dieu, source de toute bonté, et de toute miséricorde, tu nous as montré comment guérir du péché par le jeûne, la prière et le partage ; accueille favorablement l'aveu de notre faiblesse, et puisque nous prenons humblement conscience de nos fautes, que ta miséricorde nous relève sans cesse. Par Jésus… ***— Amen.***

LITURGIE DE LA PAROLE

Lecture du livre de l'Exode (17, 3-7)

« Donne-nous de l'eau à boire »

En ces jours-là, dans le désert, le peuple, manquant d'eau, souffrit de la soif. Il récrimina contre Moïse et dit : « Pourquoi nous as-tu fait monter d'Égypte ? Était-ce pour nous faire mourir de soif avec nos fils et nos troupeaux ? » Moïse cria vers le

Seigneur : « Que vais-je faire de ce peuple ? Encore un peu, et ils me lapideront ! » Le Seigneur dit à Moïse : « Passe devant le peuple, emmène avec toi plusieurs des anciens d'Israël, prends en main le bâton avec lequel tu as frappé le Nil, et va ! Moi, je serai là, devant toi, sur le rocher du mont Horeb. Tu frapperas le rocher, il en sortira de l'eau, et le peuple boira ! » Et Moïse fit ainsi sous les yeux des anciens d'Israël.
Il donna à ce lieu le nom de Massa (c'est-à-dire : Épreuve) et Mériba (c'est-à-dire : Querelle), parce que les fils d'Israël avaient cherché querelle au Seigneur, et parce qu'ils l'avaient mis à l'épreuve, en disant : « Le Seigneur est-il au milieu de nous, oui ou non ? »
– Parole du Seigneur.

Psaume 94 (95)

℟ ***Aujourd'hui, ne fermez pas votre cœur,***
mais écoutez la voix du Seigneur !

T. : AELF ; M. : M. Wackenheim ; Éd. : ADF.

Venez, crions de joie pour le Seigneur,
acclamons notre Rocher, notre salut !
Allons jusqu'à lui en rendant grâce,
par nos hymnes de fête acclamons-le ! ℟

Entrez, inclinez-vous, prosternez-vous,
adorons le Seigneur qui nous a faits.
Oui, il est notre Dieu ;
nous sommes le peuple qu'il conduit. ℟

Aujourd'hui écouterez-vous sa parole ?
« Ne fermez pas votre cœur comme au désert,
où vos pères m'ont tenté et provoqué,
et pourtant ils avaient vu mon exploit. » ℟

Retrouvez ce psaume sur le CD "Les psaumes de l'année A"

Lecture de la lettre de saint Paul apôtre aux Romains (5, 1-2. 5-8)

« L'amour de Dieu a été répandu dans nos cœurs par l'Esprit Saint qui nous a été donné »

Frères, nous qui sommes devenus justes par la foi, nous voici en paix avec Dieu par notre Seigneur Jésus Christ, lui qui nous a donné, par la foi, l'accès à cette grâce dans laquelle nous sommes établis ; et nous mettons notre fierté dans l'espérance d'avoir part à la gloire de Dieu. Et l'espérance ne déçoit pas, puisque l'amour de Dieu a été répandu dans nos cœurs par l'Esprit Saint qui nous a été donné.

Alors que nous n'étions encore capables de rien, le Christ, au temps fixé par Dieu, est mort pour les impies que nous étions. Accepter de mourir pour un homme juste, c'est déjà difficile ; peut-être quelqu'un s'exposerait-il à mourir pour un homme de bien. Or, la preuve que Dieu nous aime, c'est que le Christ est mort pour nous, alors que nous étions encore pécheurs.

– Parole du Seigneur.

Acclamation de l'Évangile

Gloire au Christ, Sagesse éternelle du Dieu vivant. Gloire à toi, Seigneur. Tu es vraiment le Sauveur du monde, Seigneur ! Donne-moi de l'eau vive : que je n'aie plus soif. ***Gloire au Christ, Sagesse éternelle du Dieu vivant. Gloire à toi, Seigneur.***

U77-01 ; T. : AELF ; M. : P. Robert ; ADF musique.

Évangile de Jésus Christ selon saint Jean (4, 5-42)

« Une source d'eau jaillissant pour la vie éternelle »

(Lecture brève : Jn 4, 5-15. 19b-26. 39a. 40-42)

En ce temps-là, Jésus arriva à une ville de Samarie, appelée Sykar, près du terrain que Jacob avait donné à son fils Joseph. Là se trouvait le puits de Jacob. Jésus, fatigué par la route, s'était donc assis près de la source. C'était la sixième heure, environ midi. Arrive une femme de Samarie, qui venait puiser de l'eau. Jésus lui dit : « Donne-moi à boire. » – En effet, ses disciples étaient partis à la ville pour acheter des provisions. La Samaritaine lui dit : « Comment ! Toi, un Juif, tu me demandes à boire, à moi,

une Samaritaine ? » – En effet, les Juifs ne fréquentent pas les Samaritains. Jésus lui répondit : « Si tu savais le don de Dieu et qui est celui qui te dit : “Donne-moi à boire”, c’est toi qui lui aurais demandé, et il t’aurait donné de l’eau vive. » Elle lui dit : « Seigneur, tu n’as rien pour puiser, et le puits est profond. D’où as-tu donc cette eau vive ? Serais-tu plus grand que notre père Jacob qui nous a donné ce puits, et qui en a bu lui-même, avec ses fils et ses bêtes ? »
Jésus lui répondit : « Quiconque boit de cette eau aura de nouveau soif ; mais celui qui boira de l’eau que moi je lui donnerai n’aura plus jamais soif ; et l’eau que je lui donnerai deviendra en lui une source d’eau jaillissant pour la vie éternelle. » La femme lui dit : « Seigneur, donne-moi de cette eau, que je n’aie plus soif, et que je n’aie plus à venir ici pour puiser. »

Interruption de la lecture brève

Jésus lui dit : « Va, appelle ton mari, et reviens. » La femme répliqua : « Je n’ai pas de mari. » Jésus reprit : « Tu as raison de dire que tu n’as pas de mari : des maris, tu en as eu cinq, et celui que tu as maintenant n’est pas ton mari ; là, tu dis vrai. » La femme lui dit :

Reprise de la lecture brève

« [Seigneur], je vois que tu es un prophète !… Eh bien ! Nos pères ont adoré sur la montagne qui est là, et vous, les Juifs, vous dites que le lieu où il faut adorer est à Jérusalem. » Jésus lui dit : « Femme, crois-moi : l’heure vient où vous n’irez plus ni sur cette montagne ni à Jérusalem pour adorer le Père. Vous, vous adorez ce que vous ne connaissez pas ; nous, nous adorons ce que nous connaissons, car le salut vient des Juifs. Mais l'heure vient – et c'est maintenant – où les vrais adorateurs adoreront le Père en esprit et vérité : tels sont les adorateurs que recherche le Père. Dieu est esprit, et ceux qui l'adorent, c'est en esprit et vérité qu'ils doivent l'adorer. » La femme lui dit : « Je sais qu'il vient, le Messie, celui qu'on appelle Christ. Quand il viendra, c'est lui qui nous fera connaître toutes choses. » Jésus lui dit : « Je le suis, moi qui te parle. »

Interruption de la lecture brève

À ce moment-là, ses disciples arrivèrent ; ils étaient surpris de le voir parler avec une femme. Pourtant, aucun ne lui dit : « Que cherches-tu ? » ou bien : « Pourquoi parles-tu avec elle ? » La femme, laissant là sa cruche, revint à la ville et dit aux gens : « Venez voir un homme qui m'a dit tout ce que j'ai fait. Ne serait-il pas le Christ ? » Ils sortirent de la ville, et ils se dirigeaient vers lui. Entre-temps, les disciples l'appelaient : « Rabbi, viens manger. » Mais il répondit : « Pour moi, j'ai de quoi manger : c'est une nourriture que vous ne connaissez pas. » Les disciples se disaient entre eux : « Quelqu'un lui aurait-il apporté à manger ? » Jésus leur dit : « Ma nourriture, c'est de faire la volonté de Celui qui m'a envoyé et d'accomplir son œuvre. Ne dites-vous pas : "Encore quatre mois et ce sera la moisson" ? Et moi, je vous dis : Levez les yeux et regardez les champs déjà dorés pour la moisson. Dès maintenant, le moissonneur reçoit son salaire : il récolte du fruit pour la vie éternelle, si bien que le semeur se réjouit en même temps que le moissonneur. Il est bien vrai, le dicton : “L’un sème, l’autre moissonne.” Je vous ai envoyés moissonner ce qui ne vous a coûté aucun effort ; d’autres ont fait l’effort, et vous en avez bénéficié. »

Reprise de la lecture brève

Beaucoup de Samaritains de cette ville crurent en Jésus, [à cause de la parole de la femme qui rendait ce témoignage : « Il m’a dit tout ce que j’ai fait. »] Lorsqu’ils arrivèrent auprès de lui, ils l’invitèrent à demeurer chez eux. Il y demeura deux jours. Ils furent encore beaucoup plus nombreux à croire à cause de sa parole à lui, et ils disaient à la femme : « Ce n’est plus à cause de ce que tu nous as dit que nous croyons : nous-mêmes, nous l’avons entendu, et nous savons que c’est vraiment lui le Sauveur du monde. »

Homélie

Profession de foi (p. 230)

Suggestion de prière universelle

Le prêtre :

Tournons nos cœurs vers Dieu notre Père. Là où il n’y a que désert, il fait jaillir une source. Prions-le pour l’Église et pour le monde.

℟ ***Sûrs de ton amour et forts de notre foi, Seigneur, nous te prions.***

Bayard Liturgie; T. et M. : anonyme.

Le diacre ou un lecteur :

Avec toute l'Église, prions pour que les communautés chrétiennes aident tous les hommes, en particulier les personnes victimes d'abus, à trouver le chemin de la vie. ℟

Prions pour que les populations qui manquent d'eau et de nourriture trouvent des aides effectives et puissent envisager un avenir plus serein. ℟

Prions pour que les femmes, dans tous les pays du monde, puissent vivre la grâce de leur vocation en étant respectées et écoutées. ℟

Prions pour que celles et ceux qui exercent une mission d'accompagnement de leurs frères et sœurs trouvent les attitudes et les mots pour faire surgir la vie en chacun. ℟

(Ces intentions seront adaptées ou modifiées selon les circonstances.)

Le prêtre :
Père de toute bonté, toi qui es présent auprès de nous, écoute nos prières et exauce-les. Nous t'en prions, par Jésus, le Christ, notre Seigneur. **– *Amen.***

LITURGIE EUCHARISTIQUE

Prière sur les offrandes

Par ce sacrifice, Seigneur de bonté, alors que nous implorons le pardon de nos fautes, accorde-nous d'avoir à cœur de pardonner celles de nos frères. Par le Christ, notre Seigneur. **– *Amen.***

Prière eucharistique (*Préface du 3e dimanche de Carême, année A*)

Vraiment, il est juste et bon, pour ta gloire et notre salut, de t'offrir notre action de grâce, toujours et en tout lieu, Seigneur, Père très saint, Dieu éternel et tout-puissant, par le Christ, notre Seigneur. Quand il demandait à la Samaritaine de lui donner à boire, il lui faisait déjà le don de la foi ; de cette foi, il manifesta une telle soif qu'il fit naître en elle le feu de l'amour de Dieu. C'est pourquoi nous te rendons grâce et, avec les anges, nous chantons tes merveilles en proclamant : ***Saint ! Saint ! Saint…***

Chant de communion (*Suggestions p. 256*)

OU

Antienne de la communion

L'eau que moi, je donnerai, dit le Seigneur,
deviendra en celui qui en boira source d'eau jaillissant
pour la vie éternelle. (cf. Jn 4, 13-14)

Prière après la communion

Nous avons reçu de toi, Seigneur, un avant-goût des mystères du ciel, et, dès cette terre, nous sommes rassasiés par le pain venu d'en haut ; nous t'en supplions : donne-nous de mettre en œuvre ce que le sacrement réalise en nous. Par le Christ, notre Seigneur. **– *Amen.***

Prière sur le peuple

Le prêtre peut dire la prière suivante :

Dirige, Seigneur, le cœur de tes fidèles et, dans ta bienveillance, donne à ceux qui te servent la grâce d'accomplir la plénitude de tes commandements en demeurant dans l'amour pour toi et pour le prochain. Par le Christ, notre Seigneur. **– *Amen.***

RITE DE CONCLUSION

Bénédiction

Envoi

COMMENTAIRE DU DIMANCHE

Anne Da, xavière

Une soif à étancher

Jésus arrive au puits de Sykar, lieu de rencontre des femmes qui viennent puiser l'eau, des nomades qui viennent faire boire les troupeaux. Mais des anomalies attirent l'attention à l'écoute de la Parole. Pourquoi Jésus fait-il le choix de passer par la Samarie et d'attendre au puits à midi, l'heure la plus chaude ? Le serviteur envoyé chercher une femme pour Isaac ne conduit-il pas ses bêtes « à l'heure du soir, l'heure où les femmes sortent pour puiser l'eau » (cf. Gn 24, 11) ?
L'itinéraire de Jésus est présenté comme une nécessité : « Il lui fallait traverser la Samarie » (Jn 4, 4). Si la traversée de la Samarie est le trajet le plus court pour aller de Judée en Galilée, les Juifs l'évitent en raison des relations conflictuelles avec les Samaritains.

Jésus fatigué, assis sur la margelle du puits, demande à boire à une femme de Samarie. Commence alors une conversation entre Jésus et la femme autour d'un besoin d'étancher une soif qui se révèle être le désir le plus profond de l'un et l'autre, celui d'une rencontre en vérité. Jésus demande à cette femme bien davantage qu'une gorgée d'eau pour le désaltérer. Il la restaure dans sa dignité de femme, se révèle à elle comme le Christ et l'envoie témoigner.
Quand les disciples reviennent avec les provisions, Jésus est déjà rassasié, nourri par la mission reçue et partagée avec une femme : rassembler dans l'unité tous les enfants de Dieu dispersés et les conduire au Père.

Quelle est ma soif de partager avec le Seigneur cette attention à ceux et celles qui vivent leur foi autrement ?

Suis-je attentif au Seigneur qui m'attend au bord du puits et désire me rencontrer ? ■

Prions en Église Junior

LIRE L'ÉVANGILE AVEC LES ENFANTS

CE QUE JE DÉCOUVRE

As-tu déjà observé une plante qui manque d'eau ? Elle perd ses couleurs et se fane.
Jésus, qui vit dans un pays sec et aride, sait que l'eau est précieuse parce qu'elle est source de vie. Aussi, pour expliquer à la Samaritaine qu'il est le Messie, il se compare à « l'eau vive ». Cette eau ne vient pas du puits, mais de Dieu : **Jésus est le don de Dieu.**
Comme les plantes ont besoin d'eau, il apporte aux hommes la vie et l'amour dont ils ont besoin.
Voilà pourquoi il dit à la Samaritaine qu'elle n'aura **« plus jamais soif ».**

CE QUE JE VIS

Selon toi, qu'est-ce qui est nécessaire à la vie ?
De l'eau, du pain ?
Quels dons as-tu reçus de Dieu, à ton avis ?
Rafraîchis-toi le visage et dis : « Seigneur Jésus, deviens en moi une source d'eau vive, jaillissant pour la vie éternelle. »

Texte : Patricia Metzger. Illustrations : Marcelino Truong

MÉDITATION BIBLIQUE

3E DIMANCHE DE CARÊME

Livre de l'Exode 17, 3-7

Un regard neuf

En plein désert, le peuple hébreu traverse l'épreuve du manque d'eau et remet en cause Dieu. Si chacun de nous a besoin d'eau pour vivre, elle ne se trouve pas nécessairement où on l'attend.

Le temps de la préparation

**« Ne fermez pas votre cœur
comme au désert, comme au jour
de tentation et de défi,
où vos pères m'ont tenté et
provoqué, et pourtant ils avaient
vu mon exploit. » (Ps 94, 8-9)**

Le temps de l'observation

En plein doute sur leur choix de vie, les Hébreux râlent, hésitent et se posent des questions. Ils pensaient que faire confiance à Dieu leur enlèverait tout risque d'inconfort et de déconvenue. En plein désert, ils se rendent compte que ce n'est pas le cas. Une question, en particulier, formule la crainte qui est la leur. « Le Seigneur est-il au milieu de nous, oui ou non ? » La question n'est pas de savoir si Dieu existe ou non. L'athéisme n'est pas un sujet pour le peuple hébreu. Son •••

••• questionnement porte sur la présence de Dieu et le comment de son action. Le Dieu d'Israël accompagne-t-il toujours Israël dans ses épreuves ou l'a-t-il laissé seul ? La question est grave car, depuis le début, Dieu se révèle dans l'histoire de son peuple. Le fait que les choses ne se passent pas comme cela était envisagé génère un doute sur l'identité de ce Dieu. Qui est réellement le Dieu d'Israël ?

Le temps de la méditation

Le peuple hébreu traverse une épreuve. Elle consiste à vivre une situation qui remet en cause sa théologie. Croire en Dieu s'accompagne toujours de représentations. Nous projetons sur Dieu nos propres désirs et, quand ces projections sont contredites, alors nous accusons Dieu de ne pas correspondre au schéma qui est le nôtre. L'attitude est injuste. La sortie d'Égypte est un acte libérateur qui ne soustrait pas ceux qui le vivent à la condition humaine. Celle-ci continue à être faite de désirs, de manque, de besoins et de rêves. Cet épisode biblique vient rappeler qu'un chemin est à faire pour discerner entre la présence de Dieu et les projections que nous en faisons. Ce chemin passe parfois par le désert, ce lieu déroutant où rien ne se présente comme on l'espérait et qui, pourtant, recèle des pierres d'où jaillit la vie. Le chemin vers Pâques est l'occasion d'un regard différent sur les aspects les plus déconcertants de notre parcours.

Le temps de la prière

« Venez, crions de joie pour le Seigneur, acclamons notre Rocher, notre salut ! » (Ps 94, 1) ■

Marie-Laure Durand, bibliste

L'ÉVÉNEMENT

JOURNÉE DE PRIÈRE POUR LES VICTIMES D'ABUS AU SEIN DE L'ÉGLISE

Des prières et des actes

En mars 2021, les évêques de France instituaient une Journée de prière pour les personnes victimes de violences, d'agressions sexuelles et d'abus de pouvoir et de conscience au sein de l'Église. Un point d'étape annuel pour vérifier si les engagements pris sont tenus.

Suite au rapport accablant de la Commission indépendante sur les abus sexuels dans l'Église (Ciase), à l'automne 2021, et à la série de préconisations des enquêteurs pour lutter contre les abuseurs, les évêques de France ont institué une journée de prière et de mémoire pour les personnes victimes de violences, d'agressions sexuelles et d'abus de pouvoir et de conscience au sein de l'Église. Cette journée est fixée tous les ans au 3e dimanche •••

de Carême, cette année : le 12 mars. Chaque diocèse est invité à se saisir de cette journée avec soin et délicatesse. Sébastien, victime d'abus dans son enfance et adolescence, membre du collectif « Libère ta parole » et porte-parole des victimes à Nice (06), prévient : « Ce qui est primordial pour cette journée et les célébrations qui seront organisées en mémoire des victimes, c'est de nous y associer ! Car souvent, nous, les victimes, subissons des prières mal ajustées qui nous blessent énormément. » Pour Mgr Luc Crepy, évêque de Versailles, cette journée mémorielle, doit permettre de « garder vive la mémoire des faits commis dans l'Église pour ne pas oublier les crimes et la souffrance toujours actuelle des victimes ». « Une journée, pourquoi pas, mais elle ne doit pas masquer la nécessaire réparation de la part de l'Église, que l'on attend toujours ! » conclut Sébastien. ■

Sébastien Antoni, journaliste

DES RESSOURCES POUR VIVRE CETTE JOURNÉE DE PRIÈRE

Des prières et des outils pour organiser cette journée sont proposés sur le site des évêques de France : eglise.catholique.fr

Si vous êtes victime ou témoin d'abus commis par l'Église, vous pouvez contacter la Commission reconnaissance et réparation, par téléphone : 09 73 88 25 71 ou par mail : victimes@crr.contact

LUNDI 13 MARS 2023

3E SEMAINE DE CARÊME COULEUR LITURGIQUE : VIOLET

Temps du Carême, *messe de la férie*

Antienne d'ouverture

Mon âme s'épuise à désirer les parvis du Seigneur ; mon cœur et ma chair sont un cri de joie vers le Dieu vivant ! (cf. Ps 83, 3)

Prière

Que ta miséricorde inlassable, Seigneur, purifie et protège ton Église ; et puisque sans toi, elle ne peut demeurer en ton salut : dans ta grâce gouverne-la toujours. Par Jésus… ***— Amen.***

Lecture

du deuxième livre des Rois (5, 1-15a)

« Il y avait beaucoup de lépreux en Israël ; et aucun d'eux n'a été purifié, mais bien Naaman le Syrien »

En ces jours-là, Naaman, général de l'armée du roi d'Aram, était un homme de grande valeur et hautement estimé par son maître, car c'est par lui que le Seigneur avait donné la victoire au royaume d'Aram. Or, ce vaillant guerrier était lépreux. Des Araméens, au cours d'une expédition en terre d'Israël, avaient fait prisonnière une fillette qui fut mise au service de la femme de Naaman. Elle dit à sa maîtresse : « Ah ! si mon

maître s'adressait au prophète qui est à Samarie, celui-ci le délivrerait de sa lèpre. » Naaman alla auprès du roi et lui dit : « Voilà ce que la jeune fille d'Israël a déclaré. » Le roi d'Aram lui répondit : « Va, mets-toi en route. J'envoie une lettre au roi d'Israël. »
Naaman partit donc ; il emportait dix lingots d'argent, six mille pièces d'or et dix vêtements de fête. Il remit la lettre au roi d'Israël. Celle-ci portait : « En même temps que te parvient cette lettre, je t'envoie Naaman mon serviteur, pour que tu le délivres de sa lèpre. » Quand le roi d'Israël lut ce message, il déchira ses vêtements et s'écria : « Est-ce que je suis Dieu, maître de la vie et de la mort ? Ce roi m'envoie un homme pour que je le délivre de sa lèpre ! Vous le voyez bien : c'est une provocation ! » Quand Élisée, l'homme de Dieu, apprit que le roi d'Israël avait déchiré ses vêtements, il lui fit dire : « Pourquoi as-tu déchiré tes vêtements ? Que cet homme vienne à moi, et il saura qu'il y a un prophète en Israël. »
Naaman arriva avec ses chevaux et son char, et s'arrêta à la porte de la maison d'Élisée. Élisée envoya un messager lui dire : « Va te baigner sept fois dans le Jourdain, et ta chair redeviendra nette, tu seras purifié. » Naaman se mit en colère et s'éloigna en disant : « Je m'étais dit : Sûrement il va sortir, et se tenir debout pour invoquer le nom du Seigneur son Dieu ; puis il agitera sa main au-dessus de l'endroit malade et guérira ma lèpre. Est-ce que les fleuves de Damas, l'Abana et le Parpar, ne valent pas mieux que toutes les eaux d'Israël ? Si je m'y baignais, est-ce que je ne serais pas purifié ? » Il tourna bride et partit en colère. Mais ses serviteurs s'approchèrent pour lui dire : « Père ! Si le prophète t'avait ordonné quelque chose de difficile, tu l'aurais fait, n'est-ce pas ? Combien

plus, lorsqu'il te dit : "Baigne-toi, et tu seras purifié." » Il descendit jusqu'au Jourdain et s'y plongea sept fois, pour obéir à la parole de l'homme de Dieu ; alors sa chair redevint semblable à celle d'un petit enfant : il était purifié ! Il retourna chez l'homme de Dieu avec toute son escorte ; il entra, se présenta devant lui et déclara : « Désormais, je le sais : il n'y a pas d'autre Dieu, sur toute la terre, que celui d'Israël ! »
– Parole du Seigneur.

Psaume 41 (42)

℟ ***Mon âme a soif de Dieu, le Dieu vivant.***

Comme un c<u>e</u>rf altéré
ch<u>e</u>rche l'eau vive,
ainsi mon <u>â</u>me te cherche,
t<u>o</u>i, mon Dieu. ℟

Mon âme a s<u>o</u>if de Dieu,
le Die<u>u</u> vivant ;
quand pourr<u>ai</u>-je m'avancer,
par<u>aî</u>tre face à Dieu ? ℟

Envoie ta lumi<u>è</u>re et ta vérité :
qu'elles gu<u>i</u>dent mes pas
et me conduisent à ta mont<u>a</u>gne sainte,
j<u>u</u>squ'en ta demeure. ℟

J'avancerai jusqu'à l'aut<u>e</u>l de Dieu,
vers Dieu qui est to<u>u</u>te ma joie ;
je te rendrai gr<u>â</u>ce avec ma harpe,
Die<u>u</u>, mon Dieu ! ℟

Acclamation de l'Évangile

Gloire au Christ, Sagesse éternelle du Dieu vivant. Gloire à toi, Seigneur. J'espère le Seigneur, et j'attends sa parole ; près du Seigneur est l'amour, l'abondance du rachat. ***Gloire au Christ, Sagesse éternelle du Dieu vivant. Gloire à toi, Seigneur.***

Évangile de Jésus Christ

selon saint Luc (4, 24-30)

Jésus, comme Élie et Élisée, n'est pas envoyé qu'aux seuls Juifs

Dans la synagogue de Nazareth, Jésus déclara : « Amen, je vous le dis : aucun prophète ne trouve un accueil favorable dans son pays. En vérité, je vous le dis : Au temps du prophète Élie, lorsque pendant trois ans et demi le ciel retint la pluie, et qu'une grande famine se produisit sur toute la terre, il y avait beaucoup de veuves en Israël ; pourtant Élie ne fut envoyé vers aucune d'entre elles, mais bien dans la ville de Sarepta, au pays de Sidon, chez une veuve étrangère. Au temps du prophète Élisée, il y avait beaucoup de lépreux en Israël ; et aucun d'eux n'a été purifié, mais bien Naaman le Syrien. » À ces mots, dans la synagogue, tous devinrent furieux. Ils se levèrent, poussèrent Jésus hors de la ville, et le menèrent jusqu'à un escarpement de la colline où leur ville est construite, pour le précipiter en bas. Mais lui, passant au milieu d'eux, allait son chemin.

Prière sur les offrandes

Fidèles à te servir, Seigneur, nous te présentons ces offrandes : transforme-les toi-même en sacrement de notre salut. Par le Christ, notre Seigneur. ***— Amen.***

Préface du Carême, p. 233.

Antienne de la communion

Louez le Seigneur, tous les peuples !
Son amour envers nous
s'est montré le plus fort.
(Ps 116, 1. 2)

Prière après la communion

Que notre communion à ton sacrement, Seigneur, purifie chacun de nous, et réalise notre unité. Par le Christ, notre Seigneur. ***– Amen.***

Prière sur le peuple

Le prêtre peut dire la prière suivante :

Que ta droite, Seigneur, protège ton peuple en prière ; qu'elle le purifie et lui apprenne à mettre à profit la consolation reçue dès maintenant, pour avancer vers les biens à venir. Par le Christ, notre Seigneur. ***– Amen.***

INVITATION

Y a-t-il un lieu, un édifice ou un espace qui inspire ma prière ?
Je pourrais m'y rendre, ce mois-ci.

COMMENTAIRE

Enfermés dehors Luc 4, 24-30

Luc raconte l'épisode de la synagogue de Nazareth en préfiguration de ses deux récits, l'évangile et les Actes. Ici comme là, ce sont « ceux du dedans » qui finissent par s'exclure de la Révélation, faute de se laisser déplacer par la parole de quelqu'un de trop connu. Ici comme là, ce sont des « gens du dehors », hier Naaman le Syrien, demain les païens évangélisés par Paul, qui se laissent toucher. ■

***Jean-Marc Liautaud,** Fondacio*

MARDI 14 MARS 2023

3E SEMAINE DE CARÊME COULEUR LITURGIQUE : VIOLET

Temps du Carême, *messe de la férie*

Antienne d'ouverture

Je t'appelle, toi, le Dieu qui répond : écoute-moi, entends ce que je dis. Garde-moi comme la prunelle de l'œil ; à l'ombre de tes ailes, cache-moi. (Ps 16, 6. 8)

Prière

Que ta grâce ne nous abandonne pas, Seigneur, nous t'en prions : qu'elle nous consacre à ton service et nous obtienne toujours ton aide. Par Jésus… ***— Amen.***

Lecture

du livre du prophète Daniel (3, 25. 34-43)

« Avec nos cœurs brisés, nos esprits humiliés, reçois-nous »

En ces jours-là, Azarias, debout, priait ainsi ; au milieu du feu, ouvrant la bouche, il dit : « À cause de ton nom, ne nous livre pas pour toujours et ne romps pas ton alliance. Ne nous retire pas ta miséricorde, à cause d'Abraham, ton ami, d'Isaac, ton serviteur, et d'Israël que tu as consacré. Tu as dit que tu rendrais leur descendance aussi nombreuse que les astres du ciel, que le sable au rivage des mers.

« Or nous voici, ô Maître, le moins nombreux de tous les peuples, humiliés aujourd'hui sur toute la terre, à cause de nos péchés. Il n'est plus, en ce

temps, ni prince ni chef ni prophète, plus d'holocauste ni de sacrifice, plus d'oblation ni d'offrande d'encens, plus de lieu où t'offrir nos prémices pour obtenir ta miséricorde. Mais, avec nos cœurs brisés, nos esprits humiliés, reçois-nous, comme un holocauste de béliers, de taureaux, d'agneaux gras par milliers. Que notre sacrifice, en ce jour, trouve grâce devant toi, car il n'est pas de honte pour qui espère en toi. Et maintenant, de tout cœur, nous te suivons, nous te craignons et nous cherchons ta face. Ne nous laisse pas dans la honte, agis envers nous selon ton indulgence et l'abondance de ta miséricorde. Délivre-nous en renouvelant tes merveilles, glorifie ton nom, Seigneur. »

– Parole du Seigneur.

Psaume 24 (25)

℟ ***Rappelle-toi, Seigneur, ta tendresse.***

Seigneur, enseigne-m**o**i tes voies,
fais-moi conn**a**ître ta route.
Dirige-moi par ta vérit**é**, enseigne-moi,
car tu es le Die**u** qui me sauve. ℟

Rappelle-toi, Seigne**u**r, ta tendresse,
ton amour qui **e**st de toujours.
Dans ton amo**u**r, ne m'oublie pas,
en raison de ta bont**é**, Seigneur. ℟

Il est droit, il est b**o**n, le Seigneur,
lui qui montre aux péche**u**rs le chemin.
Sa justice dir**i**ge les humbles,
il enseigne aux h**u**mbles son chemin. ℟

Acclamation de l'Évangile

Gloire à toi, Seigneur, honneur, puissance et majesté ! Maintenant, dit le Seigneur, revenez à moi de tout votre cœur, car je suis tendre et miséricordieux. ***Gloire à toi, Seigneur, honneur, puissance et majesté !***

Évangile de Jésus Christ

selon saint Matthieu (18, 21-35)

« C'est ainsi que mon Père du ciel vous traitera, si chacun de vous ne pardonne pas à son frère »

En ce temps-là, Pierre s'approcha de Jésus pour lui demander : « Seigneur, lorsque mon frère commettra des fautes contre moi, combien de fois dois-je lui pardonner ? Jusqu'à sept fois ? » Jésus lui répondit : « Je ne te dis pas jusqu'à sept fois, mais jusqu'à 70 fois sept fois. Ainsi, le royaume des Cieux est comparable à un roi qui voulut régler ses comptes avec ses serviteurs. Il commençait, quand on lui amena quelqu'un qui lui devait dix mille talents (c'est-à-dire soixante millions de pièces d'argent). Comme cet homme n'avait pas de quoi rembourser, le maître ordonna de le vendre, avec sa femme, ses enfants et tous ses biens, en remboursement de sa dette. Alors, tombant à ses pieds, le serviteur demeurait prosterné et disait : "Prends patience envers moi, et je te rembourserai tout." Saisi de compassion, le maître de ce serviteur le laissa partir et lui remit sa dette.

« Mais, en sortant, ce serviteur trouva un de ses compagnons qui lui devait cent pièces d'argent. Il se jeta sur lui pour l'étrangler, en disant : "Rembourse ta dette !" Alors,

tombant à ses pieds, son compagnon le suppliait : “Prends patience envers moi, et je te rembourserai.” Mais l’autre refusa et le fit jeter en prison jusqu’à ce qu’il ait remboursé ce qu’il devait. Ses compagnons, voyant cela, furent profondément attristés et allèrent raconter à leur maître tout ce qui s’était passé. Alors celui-ci le fit appeler et lui dit : “Serviteur mauvais ! je t’avais remis toute cette dette parce que tu m’avais supplié. Ne devais-tu pas, à ton tour, avoir pitié de ton compagnon, comme moi-même j’avais eu pitié de toi ?” Dans sa colère, son maître le livra aux bourreaux jusqu’à ce qu’il eût remboursé tout ce qu’il devait.
« C’est ainsi que mon Père du ciel vous traitera, si chacun de vous ne pardonne pas à son frère du fond du cœur. »

Prière sur les offrandes

Nous t’en prions, Seigneur : que ce sacrifice offert pour notre salut nous purifie de nos fautes et attire sur nous la puissance de ton pardon. Par le Christ, notre Seigneur. ***— Amen.***

Préface du Carême, p. 233.

Antienne de la communion

Seigneur, qui séjournera sous ta tente ?
Qui habitera ta sainte montagne ?
Celui qui se conduit parfaitement,
qui agit avec justice.
(Ps 14, 1-2)

Prière après la communion

Que cette participation à ton saint mystère, Seigneur, fasse grandir en nous la vie : qu'elle nous apporte à la fois le rachat de nos fautes et le secours de ta protection. Par le Christ, notre Seigneur. **— *Amen.***

Prière sur le peuple

Le prêtre peut dire la prière suivante :

Seigneur Dieu, toi qui formes et diriges ton peuple, repousse les péchés qui l'assaillent, afin qu'il puisse toujours te plaire, et que ta protection le délivre de toute inquiétude. Par le Christ, notre Seigneur. **— *Amen.***

INVITATION

Et si je prenais le temps, au fil de mes lectures dans mon « Prions », de noter les passages qui évoquent la beauté de la Création ?

COMMENTAIRE

Pardon de qualité

Matthieu 18, 21-35

Le pardon de Dieu nous est donné gratuitement, en excès, généreusement, mais il n'opère que s'il provoque en nous une attitude de générosité en retour envers nos semblables. Comme le maître de l'histoire, Dieu est prompt à faire grâce. Cependant, nous ne pouvons pas, sans grave dommage, devenir les « culs-de-sac » de cette grâce. Veillons à la qualité de notre bonté : elle témoigne de notre foi. ■

Jean-Marc Liautaud, *Fondacio*

MERCREDI 15 MARS 2023

3E SEMAINE DE CARÊME COULEUR LITURGIQUE : VIOLET

Temps du Carême, *messe de la férie*

Antienne d'ouverture

Que ta promesse assure mes pas : qu'aucun mal ne triomphe de moi !
(Ps 118, 133)

Prière

Nous t'en prions, Seigneur, formés à l'école du Carême et nourris de ta parole, fais que nous soyons de tout cœur à ton service par notre effort de pénitence et toujours unanimes à te prier. Par Jésus… ***— Amen.***

Lecture

du livre du Deutéronome (4, 1. 5-9)

« Vous garderez mes décrets, vous les mettrez en pratique »

Moïse disait au peuple : « Maintenant, Israël, écoute les décrets et les ordonnances que je vous enseigne pour que vous les mettiez en pratique. Ainsi vous vivrez, vous entrerez, pour en prendre possession, dans le pays que vous donne le Seigneur, le Dieu de vos pères. Voyez, je vous enseigne les décrets et les ordonnances que le Seigneur mon Dieu m'a donnés pour vous, afin que vous les mettiez en pratique dans le pays où vous allez entrer pour en prendre possession. Vous les garderez, vous

les mettrez en pratique ; ils seront votre sagesse et votre intelligence aux yeux de tous les peuples. Quand ceux-ci entendront parler de tous ces décrets, ils s'écrieront : "Il n'y a pas un peuple sage et intelligent comme cette grande nation !" Quelle est en effet la grande nation dont les dieux soient aussi proches que le Seigneur notre Dieu est proche de nous chaque fois que nous l'invoquons ? Et quelle est la grande nation dont les décrets et les ordonnances soient aussi justes que toute cette Loi que je vous donne aujourd'hui ? Mais prends garde à toi : garde-toi de jamais oublier ce que tes yeux ont vu ; ne le laisse pas sortir de ton cœur un seul jour. Enseigne-le à tes fils, et aux fils de tes fils. »
– Parole du Seigneur.

Psaume 147 (147B)

℟ ***Glorifie le Seigneur, Jérusalem ! Célèbre ton Dieu, ô Sion !***

Glorifie le Seigneur, Jérusalem !
Célèbre ton Dieu, ô Sion !
Il a consolidé les barres de tes portes,
dans tes murs il a béni tes enfants. ℟

Il envoie sa parole sur la terre :
rapide, son verbe la parcourt.
Il étale une toison de neige,
il sème une poussière de givre. ℟

Il révèle sa parole à Jacob,
ses volontés et ses lois à Israël.
Pas un peuple qu'il ait ainsi traité ;
nul autre n'a connu ses volontés. ℟

Acclamation de l'Évangile

Gloire à toi, Seigneur, Fils du Dieu vivant ! Tes paroles, Seigneur, sont esprit et elles sont vie. Tu as les paroles de la vie éternelle. ***Gloire à toi, Seigneur, Fils du Dieu vivant !***

Évangile de Jésus Christ

selon saint Matthieu (5, 17-19)

« Celui qui les observera et les enseignera, celui-là sera déclaré grand »

En ce temps-là, Jésus disait à ses disciples : « Ne pensez pas que je sois venu abolir la Loi ou les Prophètes : je ne suis pas venu abolir, mais accomplir. Amen, je vous le dis : Avant que le ciel et la terre disparaissent, pas un seul iota, pas un seul trait ne disparaîtra de la Loi jusqu'à ce que tout se réalise. Donc, celui qui rejettera un seul de ces plus petits commandements, et qui enseignera aux hommes à faire ainsi, sera déclaré le plus petit dans le royaume des Cieux. Mais celui qui les observera et les enseignera, celui-là sera déclaré grand dans le royaume des Cieux. »

12 - 18

Prière sur les offrandes

Nous t'en prions, Seigneur, accueille les supplications de ton peuple quand il te présente ce sacrifice ; et, par la célébration de tes mystères, protège-nous de tout danger. Par le Christ, notre Seigneur. ***— Amen.*** *Préface du Carême, p. 233.*

Antienne de la communion

Tu m'apprends le chemin de la vie :
devant ta face, débordement de joie,
Seigneur. (cf. Ps 15, 11)

Prière après la communion

Que la nourriture prise à la table du ciel nous sanctifie, Seigneur ; après avoir effacé tous nos torts, qu'elle nous rende dignes de recevoir les promesses qui viennent de toi. Par le Christ, notre Seigneur. — ***Amen.***

Prière sur le peuple

Le prêtre peut dire la prière suivante :

Seigneur notre Dieu, accorde à ton peuple de vouloir ce que tu veux, car lorsque tu le rends capable d'accomplir tes préceptes, alors tu le combles de bienfaits. Par le Christ, notre Seigneur. — ***Amen.***

INVITATION

Un travail manuel, un loisir créatif peut inspirer ou nourrir ma prière.

Et si j'en faisais un peu toutes les semaines jusqu'à Pâques ?

COMMENTAIRE

Excès de justice

Matthieu 5, 17-19

Comment Jésus accomplit-il la Loi ? En pratiquant une « justice en excès » et en invitant ses disciples à la pratiquer à leur tour. Être juste en excès, c'est refuser de faire pour l'autre moins que la justice n'exige, mais refuser aussi de laisser l'exigence de réciprocité de la loi entraver notre générosité. C'est nous vouer à un « plus » : faire le premier pas, donner et pardonner à fonds perdus. ■

Jean-Marc Liautaud, *Fondacio*

JEUDI 16 MARS 2023

3E SEMAINE DE CARÊME COULEUR LITURGIQUE : VIOLET

Temps du Carême, *messe de la férie*

Antienne d'ouverture

Je suis le salut de mon peuple,
dit le Seigneur, dans toutes les épreuves,
s'il crie vers moi, je l'exaucerai ;
je serai son Seigneur pour toujours.

Prière

Nous t'en supplions, Seigneur souverain : à mesure qu'approche le jour où nous fêterons notre salut, accorde-nous une plus grande générosité pour nous préparer à célébrer le mystère pascal. Par Jésus… ***— Amen.***

Lecture

du livre du prophète Jérémie (7, 23-28)

« Voilà bien la nation qui n'a pas écouté la voix du Seigneur son Dieu »

Ainsi parle le Seigneur : Voici l'ordre que j'ai donné à vos pères : « Écoutez ma voix : je serai votre Dieu, et vous, vous serez mon peuple ; vous suivrez tous les chemins que je vous prescris, afin que vous soyez heureux. » Mais ils n'ont pas écouté, ils n'ont pas prêté l'oreille, ils ont suivi les mauvais penchants de leur cœur endurci ; ils ont tourné leur dos et non leur visage. Depuis le jour où vos pères sont sortis du pays

d'Égypte jusqu'à ce jour, j'ai envoyé vers vous, inlassablement, tous mes serviteurs les prophètes. Mais ils ne m'ont pas écouté, ils n'ont pas prêté l'oreille, ils ont raidi leur nuque, ils ont été pires que leurs pères. Tu leur diras toutes ces paroles, et ils ne t'écouteront pas. Tu les appelleras, et ils ne te répondront pas. Alors, tu leur diras : « Voilà bien la nation qui n'a pas écouté la voix du Seigneur son Dieu, et n'a pas accepté de leçon ! La vérité* s'est perdue, elle a disparu de leur bouche. » – Parole du Seigneur.

Psaume 94 (95)

℟ ***Aujourd'hui, ne fermez pas votre cœur, mais écoutez la voix du Seigneur.***

Venez, crions de j<u>o</u>ie pour le Seigneur,
acclamons notre Roch<u>e</u>r, notre salut !
Allons jusqu'à lu<u>i</u> en rendant grâce,
par nos hymnes de f<u>ê</u>te
acclamons-le ! ℟

Entrez, inclinez-vo<u>u</u>s, prosternez-vous,
adorons le Seigne<u>u</u>r qui nous a faits.

Oui, il <u>e</u>st notre Dieu ;
nous sommes le pe<u>u</u>ple qu'il conduit. ℟

Aujourd'hui écouterez-vo<u>u</u>s sa parole ?
« Ne fermez pas votre cœ<u>u</u>r
comme au désert,
comme au jour de tentati<u>o</u>n et de défi,
où vos pères m'ont tent<u>é</u> et provoqué. » ℟

Acclamation de l'Évangile

Gloire à toi, Seigneur, honneur, puissance et majesté ! Maintenant, dit le Seigneur, revenez à moi de tout votre cœur, car je suis tendre et miséricordieux. ***Gloire à toi, Seigneur, honneur, puissance et majesté !***

Évangile de Jésus Christ

selon saint Luc (11, 14-23)

« Celui qui n'est pas avec moi est contre moi »

En ce temps-là, Jésus expulsait un démon qui rendait un homme muet. Lorsque le démon fut sorti, le muet se mit à parler, et les foules furent dans l'admiration. Mais certains d'entre eux dirent : « C'est par Béelzéboul, le chef des démons, qu'il expulse les démons. » D'autres, pour le mettre à l'épreuve, cherchaient à obtenir de lui un signe venant du ciel. Jésus, connaissant leurs pensées, leur dit : « Tout royaume divisé contre lui-même devient désert, ses maisons s'écroulent les unes sur les autres. Si Satan, lui aussi, est divisé contre lui-même, comment son royaume tiendra-t-il ? Vous dites en effet que c'est par Béelzéboul que j'expulse les démons. Mais si c'est par Béelzéboul que moi, je les expulse, vos disciples, par qui les expulsent-ils ? Dès lors, ils seront eux-mêmes vos juges. En revanche, si c'est par le doigt de Dieu que j'expulse les démons, c'est donc que le règne de Dieu est venu jusqu'à vous. Quand l'homme fort, et bien armé, garde son palais, tout ce qui lui appartient est en sécurité. Mais si un plus fort survient et triomphe de lui, il lui enlève son armement, auquel il se fiait, et il distribue tout ce dont il l'a dépouillé. Celui qui n'est pas avec moi est contre moi ; celui qui ne rassemble pas avec moi disperse. »

Prière sur les offrandes

Pour que les offrandes de ton peuple te soient agréables, Seigneur, préserve-nous de toute contagion du mal : ne permets pas qu'il s'attache à de fausses joies, lui que tu veux mener à ta vérité, promise en récompense. Par le Christ, notre Seigneur. — ***Amen.***

Préface du Carême, p. 233.

Antienne de la communion

Toi, tu promulgues des préceptes
à observer entièrement. Puissent
mes voies s'affermir à observer
tes commandements ! (Ps 118, 4-5)

Prière après la communion

Par ton secours, Dieu de bonté, relève ceux que tu réconfortes par tes sacrements, afin de recueillir les fruits de ton œuvre de salut dans ces mystères et dans toute notre conduite. Par le Christ, notre Seigneur. — ***Amen.***

Prière sur le peuple

Le prêtre peut dire la prière suivante :

Sûrs de ta miséricorde, nous implorons ta bonté, Seigneur : nous tenons de toi d'être ce que nous sommes ; de même, que ta grâce nous accorde à la fois de vouloir le bien et de pouvoir accomplir ce bien que nous voulons. Par le Christ, notre Seigneur. — ***Amen.***

INVITATION

Le Carême pourrait être l'occasion pour moi de rejoindre une association solidaire.

COMMENTAIRE

Combat de démons Luc 11, 14-23

Les signes posés par Jésus, comme la délivrance de cet homme muet, appellent une interprétation. Là réside la fracture entre ceux qui se déclarent avec lui et ceux qui le rejettent. Jésus ironise : si son autorité vient du diable, celui-ci a du souci à se faire car ses démons se combattent entre eux. L'enjeu est finalement de reconnaître que c'est Dieu qui agit partout où un bien authentique est accompli. ■

Jean-Marc Liautaud, *Fondacio*

✲ CLÉ DE LECTURE

« La vérité » Jérémie 7, 28 *(p. 112)*

Les traductions hésitent : « la vérité » ou « la fidélité ». L'hébreu, moins propre que le grec à l'abstraction, utilise la racine « aman » (reflétée dans la réponse « amen »). Elle dit moins ce qui est vrai que ce qui est solide, ce sur quoi on peut se fonder et s'appuyer sans crainte. Or, dans la débâcle de l'histoire et devant la versatilité et l'irresponsabilité des humains, Jérémie est tenté de désespérer de l'humanité, incorrigible dans sa violence et sa lâcheté. Ce n'est pas alors le châtiment divin qu'il agite (l'action humaine suffit pour conduire elle-même au désastre) mais, au contraire, il rappelle la fidélité sans faille de Dieu. Lui, le Dieu sûr qui, chaque jour, chaque matin, « inlassablement », vient appeler son peuple à la conversion. ■

Roselyne Dupont-Roc, *bibliste*

VENDREDI 17 MARS 2023

3E SEMAINE DE CARÊME COULEUR LITURGIQUE : VIOLET

Temps du Carême, *messe de la férie*
(Sainte Patrice)

Antienne d'ouverture

Aucun parmi les dieux n'est comme toi,
Seigneur, car tu es grand et tu fais des merveilles,
toi, Dieu, le seul. (cf. Ps 85, 8. 10)

Prière

Seigneur, nous t'en prions : dans ta bonté, répands ta grâce en nos cœurs, délivre-nous des égarements de la faiblesse humaine et accorde-nous de nous attacher avec force à tes enseignements. Par Jésus… ***— Amen.***

Lecture

du livre du prophète Osée (14, 2-10)

« Nous ne dirons plus à l'ouvrage de nos mains : "Tu es notre Dieu" »

Ainsi parle le Seigneur : Reviens, Israël, au Seigneur ton Dieu ; car tu t'es effondré par suite de tes fautes. Revenez au Seigneur en lui présentant ces paroles : « Enlève toutes les fautes, et accepte ce qui est bon. Au lieu de taureaux, nous t'offrons en sacrifice les paroles de nos lèvres. Puisque les Assyriens ne peuvent pas nous sauver, nous ne monterons plus sur des chevaux, et nous ne dirons plus à l'ouvrage de nos mains* : "Tu es notre Dieu", car de toi seul l'orphelin reçoit de la tendresse. »

Voici la réponse du Seigneur : Je les guérirai de leur infidélité, je les aimerai d'un amour gratuit, car ma colère s'est détournée d'Israël. Je serai pour Israël comme la rosée, il fleurira comme le lis, il étendra ses racines comme les arbres du Liban. Ses jeunes pousses vont grandir, sa parure sera comme celle de l'olivier, son parfum, comme celui de la forêt du Liban. Ils reviendront s'asseoir à son ombre, ils feront revivre le froment, ils fleuriront comme la vigne, ils seront renommés comme le vin du Liban. Éphraïm ! Peux-tu me confondre avec les idoles ? C'est moi qui te réponds et qui te regarde. Je suis comme le cyprès toujours vert, c'est moi qui te donne ton fruit. Qui donc est assez sage pour comprendre ces choses, assez pénétrant pour les saisir ? Oui, les chemins du Seigneur sont droits : les justes y avancent, mais les pécheurs y trébuchent. – Parole du Seigneur.

Psaume 80 (81)

℟ ***C'est moi, le Seigneur ton Dieu, écoute ma voix.***

J'entends des mots qui m'ét<u>a</u>ient inconnus :
« J'ai ôté le poids qui charge<u>a</u>it ses épaules ;
ses mains ont dépos<u>é</u> le fardeau.
Quand tu criais sous l'<u>o</u>ppression,
je t'ai sauvé. ℟

« Je répondais, cach<u>é</u> dans l'orage,
je t'éprouvais près des ea<u>u</u>x de Mériba.
Écoute, je t'adj<u>u</u>re, ô mon peuple ;
vas-tu m'écout<u>e</u>r, Israël ? ℟

« Tu n'auras pas chez t<u>o</u>i d'autres dieux,
tu ne serviras aucun die<u>u</u> étranger.
C'est moi, le Seigne<u>u</u>r ton Dieu,
qui t'ai fait monter
de la t<u>e</u>rre d'Égypte ! ℟

« Ah ! Si mon peuple m'écoutait,
Israël, s'il allait
sur mes chemins !

Je le nourrirais de la fleur du froment,
je le rassasierais avec le miel
du rocher ! » ℟

Acclamation de l'Évangile

Ta parole, Seigneur, est vérité, et ta loi, délivrance. Convertissez-vous, dit le Seigneur, car le royaume des Cieux est tout proche. ***Ta parole, Seigneur, est vérité, et ta loi, délivrance.***

Évangile de Jésus Christ

selon saint Marc (12, 28b-34)

« Le Seigneur notre Dieu est l'unique Seigneur : tu l'aimeras »

En ce temps-là, un scribe s'avança vers Jésus pour lui demander : « Quel est le premier de tous les commandements ? » Jésus lui fit cette réponse : « Voici le premier : *Écoute, Israël : le Seigneur notre Dieu est l'unique Seigneur. Tu aimeras le Seigneur ton Dieu de tout ton cœur, de toute ton âme, de tout ton esprit et de toute ta force.* Et voici le second : *Tu aimeras ton prochain comme toi-même.* Il n'y a pas de commandement plus grand que ceux-là. » Le scribe reprit : « Fort bien, Maître, tu as dit vrai : Dieu est l'Unique et il n'y en a pas d'autre que lui. L'aimer de tout son cœur, de toute son intelligence, de toute sa force, et aimer son prochain comme soi-même, vaut mieux que toute offrande d'holocaustes et de sacrifices. » Jésus, voyant qu'il avait fait une remarque judicieuse, lui dit : « Tu n'es pas loin du royaume de Dieu. » Et personne n'osait plus l'interroger.

Prière sur les offrandes

Jette un regard bienveillant, Seigneur, sur les offrandes que nous te consacrons ; qu'elles te soient agréables, et nous apportent toujours le salut. Par le Christ, notre Seigneur. ***— Amen.***

Préface du Carême, p. 233.

Antienne de la communion

Aimer Dieu de tout son cœur
et son prochain comme soi-même
vaut mieux que tous les sacrifices.
(cf. Mc 12, 33)

Prière après la communion

Que la puissance de ton action, Seigneur, imprègne nos esprits et nos corps ; ce que nous avons déjà reçu en participant au sacrement, puissions-nous le posséder dans la plénitude du salut. Par le Christ, notre Seigneur.
— Amen.

Prière sur le peuple

Le prêtre peut dire la prière suivante :

Regarde favorablement, Seigneur, tes fidèles qui implorent ta miséricorde ; et comme ils mettent leur confiance en ta tendresse, puissent-ils répandre en tout lieu les dons de ta charité. Par le Christ, notre Seigneur. ***— Amen.***

INVITATION

Pour ma prière aujourd'hui, je pourrais choisir un chant p. 256.

COMMENTAIRE

Prise de bec Marc 12, 28b-34

La question de savoir si les 613 commandements de la Loi de Moïse étaient équivalents ou si certains étaient plus essentiels était largement débattue à l'époque de Jésus. Le scribe qui l'interroge ici se trouve être dans le même camp que lui, et sa réaction montre que Jésus n'est pas le seul dans le monde religieux de son temps à relativiser le rôle du Temple, ce qui cloue le bec de ses adversaires. ■

***Jean-Marc Liautaud**, Fondacio*

❊ CLÉ DE LECTURE

« À l'ouvrage de nos mains » Osée 14, 4 *(p. 116)*

La Bible dénonce sans relâche la tendance humaine à l'idolâtrie, depuis le récit du veau d'or (Ex 32) jusqu'au livre de la Sagesse (Sg 13), en passant par les prophètes. Le livre d'Osée en donne une définition cinglante : la fascination pour l'œuvre de nos mains ; notre « réussite », matérielle, sociale, intellectuelle, spirituelle même nous obsède ! Innombrables sont les pièges de notre amour-propre et de notre désir d'être reconnu. Mais comment discerner ce qui est véritablement juste ? Le texte ouvre le chemin : reconnaître et imiter la tendresse de Dieu pour l'orphelin, rendre grâce et veiller sur le plus faible. Le deuxième commandement ne saurait être détaché du premier : « Tu aimeras le Seigneur ton Dieu, et ton prochain comme toi-même. » ■

***Roselyne Dupont-Roc**, bibliste*

SAMEDI 18 MARS 2023

3E SEMAINE DE CARÊME COULEUR LITURGIQUE : VIOLET

Temps du Carême, *messe de la férie*
(Saint Cyrille de Jérusalem)

Antienne d'ouverture

Bénis le Seigneur, ô mon âme,
n'oublie aucun de ses bienfaits,
car il pardonne toutes tes offenses.
(Ps 102, 2-3)

Prière

En célébrant avec joie, chaque année, ce temps de Carême, nous te prions, Seigneur : puisque nous vivons déjà du mystère de Pâques, accorde-nous le bonheur d'en goûter pleinement les fruits. Par Jésus… ***– Amen.***

Lecture

du livre du prophète Osée (6, 1-6)

« Je veux la fidélité, non le sacrifice »

Venez, retournons vers le Seigneur ! il a blessé, mais il nous guérira ; il a frappé, mais il nous soignera. Après deux jours, il nous rendra la vie ; il nous relèvera le troisième jour : alors, nous vivrons devant sa face.

Efforçons-nous de connaître le Seigneur : son lever est aussi sûr que l'aurore ; il nous viendra comme la pluie, l'ondée qui arrose la terre.
– Que ferai-je de toi, Éphraïm ? Que ferai-je de toi, Juda ? Votre fidélité, une

brume du matin, une rosée d'aurore qui s'en va. Voilà pourquoi j'ai frappé par mes prophètes, donné la mort par les paroles de ma bouche : mon jugement jaillit comme la lumière. Je veux la fidélité, non le sacrifice, la connaissance de Dieu plus que les holocaustes. – Parole du Seigneur.

Psaume 50 (51)

℟ ***Tu veux la fidélité, Seigneur, non le sacrifice.***

Pitié pour moi, mon Dieu,
dans ton amour,
selon ta grande miséricorde,
efface mon péché.
Lave-moi tout entier de ma faute,
purifie-moi de mon offense. ℟

Si j'offre un sacrifice, tu n'en veux pas,
tu n'acceptes pas d'holocauste.
Le sacrifice qui plaît à Dieu,
c'est un esprit brisé ;
tu ne repousses pas, ô mon Dieu,
un cœur brisé et broyé. ℟

Accorde à Sion le bonheur,
relève les murs de Jérusalem.
Alors tu accepteras de justes sacrifices,
oblations et holocaustes sur ton autel. ℟

Acclamation de l'Évangile

Tes paroles, Seigneur, sont esprit et elles sont vie. Aujourd'hui, ne fermez pas votre cœur, mais écoutez la voix du Seigneur. ***Tes paroles, Seigneur, sont esprit et elles sont vie.***

Évangile de Jésus Christ

selon saint Luc (18, 9-14)

« Le publicain était devenu un homme juste, plutôt que l'autre »

En ce temps-là, à l'adresse de certains qui étaient convaincus d'être justes et qui méprisaient les autres, Jésus dit la parabole que voici :
« Deux hommes montèrent au Temple pour prier. L'un était pharisien, et l'autre, publicain (c'est-à-dire un collecteur d'impôts). Le pharisien se tenait debout et priait en lui-même : "Mon Dieu, je te rends grâce parce que je ne suis pas comme les autres hommes – ils sont voleurs, injustes, adultères –, ou encore comme ce publicain. Je jeûne deux fois par semaine et je verse le dixième de tout ce que je gagne."
« Le publicain, lui, se tenait à distance et n'osait même pas lever les yeux vers le ciel ; mais il se frappait la poitrine, en disant : "Mon Dieu, montre-toi favorable au pécheur que je suis !" Je vous le déclare : quand ce dernier redescendit dans sa maison, c'est lui qui était devenu un homme juste, plutôt que l'autre. Qui s'élève sera abaissé ; qui s'abaisse sera élevé. »

Prière sur les offrandes

Seigneur Dieu, c'est toi qui nous donnes la grâce d'approcher de tes mystères avec un cœur purifié ; nous t'en prions : lorsque nous célébrerons le jour où tu les as transmis, accorde-nous de pouvoir t'offrir le culte qui te revient. Par le Christ, notre Seigneur. ***— Amen.***

Préface du Carême, p. 233.

Antienne de la communion

Le publicain se tenait à distance
et se frappait la poitrine en disant :
« Mon Dieu, montre-toi favorable
au pécheur que je suis ! »
(cf. Lc 18, 13)

Prière après la communion

Dieu de miséricorde, tu ne cesses de nous combler par tes sacrements : donne-nous de les célébrer avec respect et de les recevoir toujours dans un esprit de foi. Par le Christ, notre Seigneur. **— *Amen.***

Prière sur le peuple

Le prêtre peut dire la prière suivante :
À tes fidèles, Seigneur, tends une main secourable, afin qu'ils te cherchent de tout leur cœur et méritent de voir exaucées leurs justes demandes. Par le Christ, notre Seigneur. **— *Amen.***

INVITATION

Et si dans ma prière, aujourd'hui, je confiais les peines
des personnes les plus démunies ?

COMMENTAIRE

La relation du pauvre Luc 18, 9-14

« S'abaisser pour être élevé » n'est pas une consigne psychologique : manquer d'estime de soi ne sert pas notre vie et n'honore pas Dieu, notre Créateur. Cette recommandation demande à être reçue comme une invitation relationnelle. Venir à Dieu enveloppés par nos performances éthiques et religieuses, comme ce pharisien, nous isole de son amour. Devant lui, chacun est un pauvre aimé sans « pourquoi ». ■

***Jean-Marc Liautaud**, Fondacio*

DIMANCHE 19 MARS 2023

4E DIMANCHE DE CARÊME

ANNÉE A – COULEUR LITURGIQUE : VIOLET OU ROSE

L'aveugle guéri par Jésus est livré à tous les regards. Il doit entendre bien des questions et supporter de nombreux jugements. Et nous, devant un événement surprenant, de quoi parlons-nous et comment en parlons-nous ? Sommes-nous conscients de notre responsabilité à faire grandir le bien, à l'aider à se répandre plus vite ?

RITES INITIAUX

Si, dans l'assemblée de ce dimanche, des catéchumènes se préparent au baptême, on peut employer les oraisons et intercessions propres prévues par le Missel.

Chant d'entrée (*Suggestions p. 256*)

OU

Antienne d'ouverture

Réjouis-toi, Jérusalem ; vous tous qui l'aimez, rassemblez-vous.
Jubilez de sa joie, vous qui étiez dans la tristesse ;
alors vous exulterez, vous serez rassasiés de consolation.
(cf. Is 66, 10-11)

Suggestion de préparation pénitentielle (*ou p. 227*)

En toute confiance, remettons nos vies entre les mains du Seigneur. Demandons-lui pardon pour notre péché.

Seigneur Jésus, toi qui verses ta lumière de miséricorde sur les actes cachés et remplis d'obscurité. Kyrie, eleison.
— Kyrie, eleison.

Ô Christ, toi qui guéris nos aveuglements et apaises nos souffrances. Christe, eleison. ***— Christe, eleison.***

Seigneur, toi qui connais nos fragilités et les prends dans ta tendresse. Kyrie, eleison. ***— Kyrie, eleison.***

Que Dieu tout-puissant nous fasse miséricorde ; qu'il nous pardonne nos péchés et nous conduise à la vie éternelle. ***— Amen.***

Pendant le Carême, on omet le Gloire à Dieu.

Prière

Seigneur Dieu, par ton Verbe incarné, tu as merveilleusement réconcilié avec toi le genre humain ; accorde au peuple chrétien de se hâter avec un amour généreux et une foi ardente au-devant des fêtes pascales qui approchent. Par Jésus… ***— Amen.***

LITURGIE DE LA PAROLE

Lecture du premier livre de Samuel (16, 1b. 6-7. 10-13a)

David reçoit l'onction comme roi d'Israël

En ces jours-là, le Seigneur dit à Samuel : « Prends une corne que tu rempliras d'huile, et pars ! Je t'envoie auprès de Jessé de Bethléem, car j'ai vu parmi ses fils mon roi. » Lorsqu'ils arrivèrent et que Samuel aperçut Éliab, il se dit : « Sûrement, c'est lui le messie, lui qui recevra l'onction du Seigneur ! » Mais le Seigneur dit à Samuel : « Ne considère pas son apparence ni sa haute taille, car je l'ai écarté. Dieu ne regarde pas comme les hommes : les hommes regardent l'apparence, mais le Seigneur regarde le cœur. » Jessé présenta ainsi à Samuel ses sept fils, et Samuel lui dit : « Le Seigneur n'a choisi aucun de ceux-là. » Alors Samuel dit à Jessé : « N'as-tu pas d'autres garçons ? » Jessé répondit : « Il reste encore le plus jeune, il est en train de garder le troupeau. » Alors

Samuel dit à Jessé : « Envoie-le chercher : nous ne nous mettrons pas à table tant qu'il ne sera pas arrivé. » Jessé le fit donc venir : le garçon était roux, il avait de beaux yeux, il était beau. Le Seigneur dit alors : « Lève-toi, donne-lui l'onction : c'est lui ! » Samuel prit la corne pleine d'huile, et lui donna l'onction au milieu de ses frères. L'Esprit du Seigneur s'empara de David à partir de ce jour-là.
– Parole du Seigneur.

Psaume 22 (23)

℟ ***Le Seigneur est mon berger : rien ne saurait me manquer.***

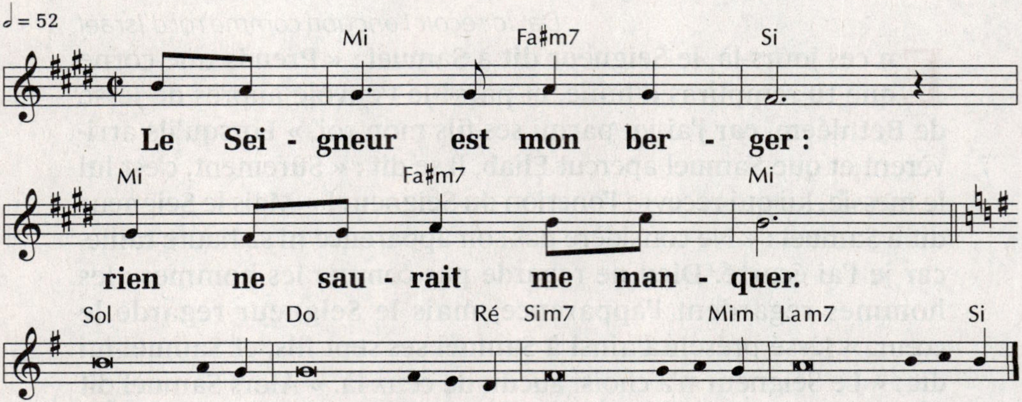

T. : AELF; M. : G. Previdi; Éd. : ADF.

Le Seigneur est mon berger :
je ne manque de rien.
Sur des prés d'herbe fraîche,
il me fait reposer. ℟

Il me mène vers les eaux tranquilles
et me fait revivre ;
il me conduit par le juste chemin
pour l'honneur de son nom. ℟

Si je traverse les ravins de la mort,
je ne crains aucun mal,
car tu es avec moi :
ton bâton me guide et me rassure. ℟

Tu prépares la table pour moi
devant mes ennemis ;
tu répands le parfum sur ma tête,
ma coupe est débordante. ℟

Grâce et bonheur m'accompagnent
tous les jours de ma vie ;
j'habiterai la maison du Seigneur
pour la durée de mes jours. ℟

Retrouvez
ce psaume sur le CD
"Les psaumes
de l'année A"

Lecture de la lettre de saint Paul apôtre aux Éphésiens (5, 8-14)

« Relève-toi d'entre les morts, et le Christ t'illuminera »

Frères, autrefois, vous étiez ténèbres ; maintenant, dans le Seigneur, vous êtes lumière ; conduisez-vous comme des enfants de lumière – or la lumière a pour fruit tout ce qui est bonté, justice et vérité – et sachez reconnaître ce qui est capable de plaire au Seigneur. Ne prenez aucune part aux activités des ténèbres, elles ne produisent rien de bon ; démasquez-les plutôt. Ce que ces gens-là font en cachette, on a honte même d'en parler. Mais tout ce qui est démasqué est rendu manifeste par la lumière, et tout ce qui devient manifeste est lumière. C'est pourquoi l'on dit : Réveille-toi, ô toi qui dors, relève-toi d'entre les morts, et le Christ t'illuminera.

– Parole du Seigneur.

Acclamation de l'Évangile

Gloire et louange à toi, Seigneur Jésus ! Moi, je suis la lumière du monde, dit le Seigneur. Celui qui me suit aura la lumière de la vie. ***Gloire et louange à toi, Seigneur Jésus !***

Offrez *Prions en Église* à un proche...

...et recevez **en cadeau**
le hors-série
Vivre la gratitude avec la sagesse chrétienne

Visuels non contractuels

PrionsenÉglise

Chers amis,

À l'Annonciation, nous fêtons le jour où l'ange Gabriel vient rencontrer la jeune Marie pour lui annoncer la naissance de Jésus. C'est le jour où Marie dit « oui » à Dieu de tout son cœur et de tout son corps. La foi de Marie change le cours de notre histoire.

Nous savons que la prière est une immense aide pour enraciner notre foi. D'autant plus quand elle se nourrit de la Bible. C'est l'expérience que nous faisons jour après jour avec *Prions en Église*.

Alors, aidez vos proches à enraciner leur foi peut-être timide et chancelante. **Offrez-leur un abonnement à *Prions en Église* et permettez à la parole de Dieu de toucher vos proches !**

Bonne fête de l'Annonciation !

K Bustica

Karem Bustica
Rédactrice en chef
de *Prions en Église*

Photo Pierre-Emmanuel

Ensemble, faisons grandir notre communauté de lecteurs

Parrainez un proche

et recevez **en cadeau** le hors-série
Vivre la gratitude avec la sagesse chrétienne

▶ Ce très bel hors-série vous propose des clés de bonheur issues de la sagesse chrétienne à travers **un parcours pour vivre la gratitude en 30 jours** mais aussi des portraits de chrétiens, des images inspirantes et des beaux textes.

100 pages

BULLETIN DE PARRAINAGE

☐ OUI, j'offre *Prions en Église* à un proche

et je reçois **en cadeau** le hors-série *Vivre la gratitude*

1 an / 12 n^{os}	France/Belgique	UE/DROM	Autres pays
Format poche (13 x 11,9 cm)	☐ **45 €**	☐ **48 €**	☐ **54 €**
Grand format (16 x 14,6 cm)	☐ **52 €**	☐ **55 €**	☐ **61 €**

GRELHS00111

Mes coordonnées pour recevoir le hors-série : (merci d'écrire en lettres CAPITALES) N170136

☐ Mme ☐ M. Prénom

Nom

Complément d'adresse (résid./Esc./Bât.)

N° et voie (rue/Av./Bd...)

Code postal Ville/Pays

Date de naissance J J M M A A A A Téléphone

E-mail @ .

Pour recevoir, conformément à la loi, la confirmation de votre abonnement

J'offre un abonnement à *Prions en Église* à :

☐ Mme ☐ M. Prénom

Nom

Complément d'adresse (résid./Esc./Bât.)

N° et voie (rue/Av./Bd...)

Code postal Ville/Pays

Date de naissance J J M M A A A A Téléphone

E-mail @ .

Par courrier : renvoyez ce bulletin accompagné de votre chèque bancaire payable en France à l'ordre de « Bayard » à : **Bayard - TSA 60007 - 59714 Lille CEDEX 9 - France**

Par internet sur **librairie-bayard.com/parrainprions**

Offre valable jusqu'au 30/09/2023 pour tout 1er abonnement. En cas de rupture de stock, vous recevrez un cadeau de valeur équivalente. Visuels non contractuels. Bayard s'engage à la réception du 1er numéro dans un délai de 4 semaines au maximum après enregistrement du règlement. À l'exception des produits numériques ou d'offre de service, vous disposez d'un délai de 14 jours à compter de la réception du 1er numéro de votre magazine pour exercer votre droit de rétractation en notifiant clairement votre décision à notre service client. Vous pouvez également utiliser le modèle de formulaire de rétractation accessible dans nos CGV. Nous vous rembourserons dans les conditions prévues dans nos CGV sur : https://librairie-bayard.com/cgv. Ces informations sont destinées au groupe Bayard, auquel *Prions en Église* appartient. Elles sont enregistrées dans notre fichier à des fins de traitement de votre abonnement. Conformément à la loi « Informatique et Libertés » du 06/01/1978 modifiée et au RGPD du 27/04/2016, elles peuvent donner lieu à l'exercice du droit d'accès, de rectification, d'effacement, d'opposition, à la portabilité des données et à la limitation des traitements ainsi qu'à connaître le sort des données après la mort à l'adresse suivante : Bayard (CNIL), TSA 10065, 59714 Lille CEDEX 9. Votre adresse mail sera utilisée pour vous envoyer les newsletters que vous avez demandées ou dont vous bénéficiez en tant que client. Vos coordonnées postales et téléphoniques pourront être utilisées à des fins de prospection commerciale par Bayard. Votre nom associé à vos coordonnées postales et téléphoniques sont susceptibles d'être transmises à nos partenaires (éditeurs, associations, VPC...). Vous pouvez vous opposer à la prospection commerciale en vous connectant à https://www.groupebayard.com/fr/contact ou en envoyant votre demande à : Bayard (CNIL), TSA 10065, 59714 Lille CEDEX 9. Pour plus d'informations, nous vous renvoyons aux dispositions de notre Politique de confidentialité sur le site groupebayard.com. Nous vous informons de l'existence de la liste d'opposition au démarchage téléphonique « Bloctel », sur laquelle vous pouvez vous inscrire ici : https://www.bloctel.gouv.fr/

C'est avec beaucoup de joie

que je t'offre
un abonnement d'un an
à *Prions en Église*.

Il t'accompagnera
dans ta prière
chaque jour.

De la part de

....

Pour

....

« Le Saint-Esprit viendra sur toi, et la puissance du Très-Haut te couvrira de son ombre. »

Luc 1, 35

U 77-01 ; T. : AELF ; M. : P. Robert ; ADF-Musique.

Évangile de Jésus Christ selon saint Jean (9, 1-41)

Lecture brève : Jn 9, 1. 6-9. 13-17. 34-38

« Il s'en alla et se lava ; quand il revint, il voyait »

En ce temps-là, en sortant du Temple, Jésus vit sur son passage un homme aveugle de naissance.

Interruption de la lecture brève

Ses disciples l'interrogèrent : « Rabbi, qui a péché, lui ou ses parents, pour qu'il soit né aveugle ? » Jésus répondit : « Ni lui, ni ses parents n'ont péché. Mais c'était pour que les œuvres de Dieu se manifestent en lui. Il nous faut travailler aux œuvres de Celui qui m'a envoyé, tant qu'il fait jour ; la nuit vient où personne ne pourra plus y travailler. Aussi longtemps que je suis dans le monde, je suis la lumière du monde. » Cela dit,

Reprise de la lecture br

il cracha à terre et, [illegible] la salive, il fit de la boue ; puis il appliqua la boue sur les yeux [illegible]'aveugle, et lui dit : « Va te laver à la piscine de Siloé » – ce nom [illegible] traduit : Envoyé. L'aveugle y alla donc, et il se lava ; quand il rev[illegible], il voyait. Ses voisins, et ceux qui l'avaient observé auparavant – [illegible]ar il était mendiant – dirent alors : « N'est-ce pas celui qui se tenai[illegible] là pour mendier ? » Les uns disaient : « C'est lui. » Les autres disai[illegible]nt : « Pas du tout, c'est quelqu'un qui lui ressemble. » Mais lui di[illegible]it : « C'est bien moi. »

Interruption de la lecture [illegible]eve

Et on lui demanda[illegible] : « Alors, comment tes yeux se sont-ils ouverts ? » Il répon[illegible] « L'homme qu'on appelle Jésus a fait de la boue, il me l'a app[illegible]ée sur les yeux et il m'a dit : “Va à Siloé et lave-toi.” J'y suis d[illegible]allé et je me suis lavé ; alors, j'ai vu. » Ils lui dirent : « Et lui, où [illegible]il ? » Il répondit : « Je ne sais pas. »

Reprise de la lecture bre

On l'amène aux ph[illegible]iens, lui, l'ancien aveugle. Or, c'était un jour de sabbat que Jésu[illegible]it fait de la boue et lui avait ouvert les yeux. À leur tour, les pharisiens lui demandaient comment il pouvait voir. Il leur répondit : « Il m'a mis de la boue sur les yeux, je me suis lavé, et je vois. » Parmi les pharisiens, certains disaient : « Cet homme-là n'est pas de Dieu, puisqu'il n'observe pas le repos du sabbat. » D'autres disaient : « Comment un homme pécheur peut-il accomplir des signes pareils ? » Ainsi donc ils étaient divisés. Alors ils s'adressent de nouveau à l'aveugle : « Et toi, que dis-tu de lui, puisqu'il t'a ouvert les yeux ? » Il dit : « C'est un prophète. »

Interruption de la lecture brève

Or, les Juifs ne voulaient pas croire que cet homme avait été aveugle et que maintenant il pouvait voir. C'est pourquoi ils convoquèrent ses parents et leur demandèrent : « Cet homme est bien votre fils, et vous dites qu'il est né aveugle ? Comment se fait-il qu'à présent il voie ? » Les parents répondirent : « Nous savons bien que c'est notre fils, et qu'il est né aveugle. Mais comment peut-il voir maintenant, nous ne le savons pas ; et qui lui a ouvert les yeux, nous ne le savons pas non plus. Interrogez-le, il est assez grand pour s'expliquer. » Ses parents parlaient ainsi parce qu'ils avaient peur des Juifs. En effet, ceux-ci s'étaient déjà mis d'accord pour exclure de leurs assemblées tous ceux qui déclareraient publiquement que Jésus est le Christ. Voilà pourquoi les parents avaient dit : « Il est assez grand, interrogez-le ! »
Pour la seconde fois, les pharisiens convoquèrent l'homme qui avait été aveugle, et ils lui dirent : « Rends gloire à Dieu ! Nous savons, nous, que cet homme est un pécheur. » Il répondit : « Est-ce un pécheur ? Je n'en sais rien. Mais il y a une chose que je sais : j'étais aveugle, et à présent je vois. » Ils lui dirent alors : « Comment a-t-il fait pour t'ouvrir les yeux ? » Il leur répondit : « Je vous l'ai déjà dit, et vous n'avez pas écouté. Pourquoi voulez-vous m'entendre encore une fois ? Serait-ce que vous voulez, vous aussi, devenir ses

disciples ? » Ils se mirent à l'injurier : « C'est toi qui es son disciple ; nous, c'est de Moïse que nous sommes les disciples. Nous savons que Dieu a parlé à Moïse ; mais celui-là, nous ne savons pas d'où il est. » L'homme leur répondit : « Voilà bien ce qui est étonnant ! Vous ne savez pas d'où il est, et pourtant il m'a ouvert les yeux. Dieu, nous le savons, n'exauce pas les pécheurs, mais si quelqu'un l'honore et fait sa volonté, il l'exauce. Jamais encore on n'avait entendu dire que quelqu'un ait ouvert les yeux à un aveugle de naissance. Si lui n'était pas de Dieu, il ne pourrait rien faire. »

Reprise de la lecture brève

Ils répliquèrent : « Tu es tout entier dans le péché depuis ta naissance, et tu nous fais la leçon ? » Et ils le jetèrent dehors.

Jésus apprit qu'ils l'avaient jeté dehors. Il le retrouva et lui dit : « Crois-tu au Fils de l'homme ? » Il répondit : « Et qui est-il, Seigneur, pour que je croie en lui ? » Jésus lui dit : « Tu le vois, et c'est lui qui te parle. » Il dit : « Je crois, Seigneur ! »

Fin de la lecture brève

Et il se prosterna devant lui. Jésus dit alors : « Je suis venu en ce monde pour rendre un jugement : que ceux qui ne voient pas puissent voir, et que ceux qui voient deviennent aveugles. » Parmi les pharisiens, ceux qui étaient avec lui entendirent ces paroles et lui dirent : « Serions-nous aveugles, nous aussi ? » Jésus leur répondit : « Si vous étiez aveugles, vous n'auriez pas de péché ; mais du moment que vous dites : "Nous voyons !", votre péché demeure. »

Homélie

Profession de foi (p. 230)

Suggestion de prière universelle

Le prêtre :

En ce jour, soyons la voix de nos frères et sœurs en humanité, et présentons nos prières au Père de tendresse

℟ ***Seigneur, entends la prière qui monte de nos cœurs.***

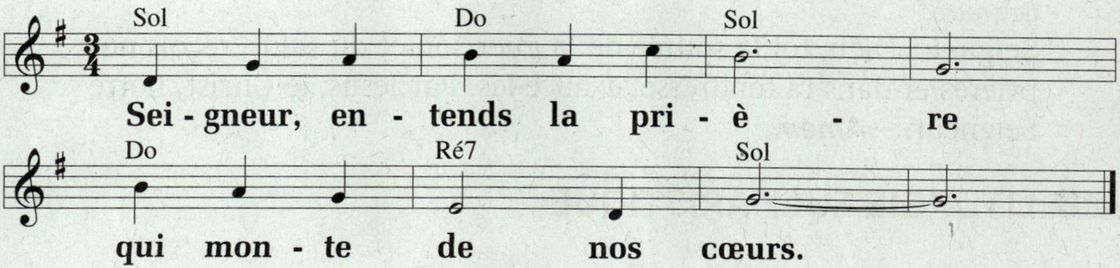

E 25 Éditions du Chalet.

Le diacre ou un lecteur :

Prions pour les jeunes qui discernent leur vocation dans l'Église, prions pour les formateurs et formatrices dans les noviciats et dans les séminaires. ℟

℟ ***Seigneur, entends la prière qui monte de nos cœurs.***

Avec l'Église universelle, prions pour les victimes d'abus, prions pour celles et ceux qui sont appelés à les écouter et à les accompagner. ℟

Prions pour les exclus que personne ne prend en compte, prions pour notre terre, abîmée par des choix égoïstes. ℟

Prions pour nos communautés chrétiennes, appelées à reconnaître, au fil des jours, la présence du Christ qui sauve et relève les plus fragiles. ℟

(Ces intentions seront adaptées ou modifiées selon les circonstances.)

Le prêtre :

Seigneur Dieu, toi la source de la guérison et du salut, reçois nos prières et dans ta tendresse, exauce-les. Par Jésus, le Christ, notre Seigneur. ***— Amen.***

LITURGIE EUCHARISTIQUE

Prière sur les offrandes

Seigneur, nous te présentons dans la joie l'eucharistie qui assure la guérison éternelle, et nous te prions humblement : accorde-nous de la vénérer avec foi et de l'offrir avec respect pour le salut du monde. Par le Christ, notre Seigneur.

— Amen.

Prière eucharistique *(Préface du 4e dimanche de Carême, année A)*

Vraiment, il est juste et bon, pour ta gloire et notre salut, de t'offrir notre action de grâce, toujours et en tout lieu, Seigneur, Père très saint, Dieu éternel et tout-puissant, par le Christ, notre Seigneur. Par le mystère de son Incarnation, il a guidé vers la clarté de la foi l'humanité qui marchait dans les ténèbres ; et par le bain qui fait renaître, il a élevé à la dignité de fils, en les adoptant, ceux qui étaient nés esclaves du péché. C'est pourquoi le ciel et la terre t'adorent ; ils te chantent le cantique nouveau, et nous-mêmes, unissant notre voix à celle des anges, nous t'acclamons : ***Saint ! Saint ! Saint…***

Chant de communion *(Suggestions p. 256)*

OU

Antienne de la communion

Le Seigneur a mis de la boue sur mes yeux,
je suis allé me laver, j'ai vu, et j'ai cru en Dieu.
(cf. Jn 9, 11. 38)

Prière après la communion

Dieu qui éclaires tout homme venant dans ce monde, nous t'en prions, illumine nos cœurs par la splendeur de ta grâce : que nos pensées soient toujours dignes de toi, et accordées à ta grandeur, et qu'ainsi nous puissions t'aimer sincèrement. Par le Christ, notre Seigneur. ***— Amen.***

Prière sur le peuple

Le prêtre peut dire la prière suivante :

Protège, Seigneur, ceux qui te supplient, soutiens les faibles, fais revivre sans cesse par ta lumière ceux qui marchent dans les ténèbres de la mort, et accorde à ceux que ton amour a délivrés de tout mal de parvenir aux biens suprêmes. Par le Christ, notre Seigneur.

— Amen.

RITE DE CONCLUSION

Bénédiction

Envoi

COMMENTAIRE DU DIMANCHE

Benoît Gschwind, prêtre assomptionniste

Ouvre mes yeux, Seigneur !

Cela aurait sans doute été une sortie du Temple tout à fait ordinaire s'il n'y avait eu sur le passage de Jésus un aveugle pour attirer le regard et la curiosité des disciples. Un peu de terre, un peu de salive. De la boue ! Jésus n'emploie pas les grands moyens pour manifester la gloire de Dieu ! Son geste est un geste de création nouvelle.

L'aveugle ne se pose pas de faux problèmes ou de questions stériles. Il écoute la parole de Jésus et va, sur l'ordre de cet inconnu, se laver à la piscine de Siloé, enlever la boue de ses yeux. Il se lave et il voit. Quoi de plus simple ? De fait, il faut à l'aveugle une démarche personnelle pour que la parole de Jésus devienne efficace. Une démarche de foi. Le rite est d'ordre baptismal : une onction et une plongée dans l'eau de la piscine de Siloé. •••

DIMANCHE 19 MARS 2023

••• L'aveugle ne fait pas de phrases inutiles pour raconter son aventure : « Il m'a mis de la boue sur les yeux, je me suis lavé, et je vois. » Nous aussi, nous avons été lavés par l'eau du baptême. Nous n'étions que ténèbres, nous dit l'apôtre Paul, et maintenant nous sommes devenus lumière. L'aveugle avance pas à pas, de la cécité totale à la vision claire, puis à la confiance et à la foi qui fait de lui un témoin capable de nommer et de reconnaître en celui qui lui a redonné la vue le Fils de Dieu venu illuminer sa vie tout entière. Un chemin pour tout un chacun : ouvre mes yeux, Seigneur, que je voie !

Le Carême est un temps pour ouvrir les yeux sur notre vie.
Qu'est-ce que ça change pour moi d'être baptisé ?

Qu'ai-je fait de mon baptême ?

Ne m'arrive-t-il pas de marcher dans les ténèbres ?
Et si j'ouvrais les yeux ? ■

Prions en Église Junior

LIRE L'ÉVANGILE AVEC LES ENFANTS

CE QUE JE DÉCOUVRE

L'aveugle de naissance fait confiance à Jésus, il fait ce qu'il lui demande : se laver à la piscine. En retour, Jésus lui ouvre les yeux… et l'aveugle voit pour la première fois. **Mais pour Jésus, il faut bien voir, non seulement avec les yeux, mais aussi avec le cœur.** Pour cela il faut enlever ce qui nous empêche de voir Dieu. Regarder avec ton cœur te permet de voir que Dieu est présent dans ta vie, de voir tout ce qu'il fait pour toi : « Je crois, Seigneur ! »

CE QUE JE VIS

Qu'as-tu vu de beau aujourd'hui ?
Te rappelles-tu la dernière fois où tu as demandé pardon à Jésus ?
Avant de prier, rince tes yeux avec de l'eau.
Remercie Jésus pour toutes les belles choses.

Texte : Cédric Kuntz. Illustrations : Marcelino Truong

MÉDITATION BIBLIQUE

4E DIMANCHE DE CARÊME

Évangile selon saint Jean 9, 1-41

Jésus, lumière du monde

Reconnaître le Christ comme la lumière du monde, la lumière incréée, oriente nos regards. Cette reconnaissance est, comme dans le cas de l'aveugle, postérieure à l'intervention de Jésus. Elle est progressive, sujette à des remises en question et nécessite un réel discernement.

Le temps de la préparation

« Dieu ne regarde pas comme les hommes : les hommes regardent l'apparence, mais le Seigneur regarde le cœur. » (1 S 16, 7)

Le temps de l'observation

Jésus a-t-il vu dans l'aveugle de naissance, installé dans une certaine passivité, un homme au cœur prêt à s'ouvrir, à entrer dans un processus de guérison en y prenant sa part sur une simple parole – « va te laver… » –, un homme prêt à prendre les risques d'une confession de foi en milieu hostile ? Impossible de le savoir avec certitude. Quoi qu'il en soit, Jésus voit déjà en lui celui qu'il est appelé à devenir : un croyant, un témoin. Il rejette la suggestion de ses disciples de trouver un « coupable » à son état actuel, mais invite à envisager la situation de l'aveugle comme le lieu où l'action de Dieu peut et va se manifester. Nous retrouverons cette même approche dans le récit du retour à la vie de Lazare où la mort devient le lieu de la manifestation de la puissance de Dieu. Il s'agit non de fuir le passé ou le présent, mais de les considérer en fonction de ce que Dieu peut y opérer. Car rien ne lui est impossible (cf. Lc 1, 37).

Le temps de la méditation

En ce temps de Carême où nous sommes plus particulièrement invités à nous laisser configurer au Christ, peut-être pouvons-nous prendre le temps de le contempler et de nous arrêter sur le regard qu'il porte sur notre humanité ? En Matthieu, il a su discerner le futur disciple ; en Zachée, le fils d'Abraham prêt à se convertir et à réparer le mal commis… Quel regard portons-nous sur nous-même ou sur autrui : un regard qui enferme ? (Est-ce lui ou ses parents qui ont péché ?) ou un regard qui met en route un processus de libération ? Avons-nous ce discernement qui nous fait percevoir, en nous et chez les autres, le frémissement d'une vie en attente de croissance ? Sachant que toute libération est coûteuse, qu'elle implique notre participation et suppose un repositionnement. Demandons donc à Dieu d'ouvrir nos yeux à la lumière déifiante (Règle de saint Benoît), pour nous exposer plus librement à sa puissance de guérison.

Le temps de la prière

« Le Seigneur est ma lumière et mon salut ; de qui aurai-je crainte ? » (Ps 26, 1) ■

Emmanuelle Billoteau, ermite

PARTAGE BIBLIQUE

Environ 45 minutes

Une bible ou Prions en Église*, page 127*

LE CHOIX D'UN ROI (1 S 16, 1-13)

Lire

Nous lisons ce passage en entier, du verset 1 au verset 13.

Comprendre le texte

Saül est définitivement réprouvé par Dieu. Pourtant, il continue de régner ; mais, sans l'aide de Samuel, il est laissé à lui-même. Le récit nous rapporte comment David, dont le nom signifie « bien-aimé », est choisi comme roi par le Seigneur. Il nous paraît unique, et pourtant il se démarque du choix de Saül qui fut, lui, le premier roi d'Israël. On lira en regard le chapitre 10 du même livre. Contrairement à celui de Saül, le choix de David est une pure initiative de Dieu : « J'ai trouvé David mon serviteur, je l'ai oint de mon huile sainte. » Pour établir son choix, Dieu regarde au cœur, c'est-à-dire aux dispositions intérieures de l'homme.

On ne sait pas trop pourquoi les anciens de la ville de Bethléem tremblent à l'idée de rencontrer Samuel. « Se purifier » consiste à se préparer à un acte religieux au cours duquel on rencontre Dieu. David est présenté comme étant roux : le « rouge » du texte hébreu est plutôt compris comme « rose », à la manière du Cantique des Cantiques dont l'être aimé est dit « clair et rose ». C'est l'aspect juvénile de David qui expliquera le mépris de Goliath.

Partager

- Est-ce que, pour moi, Dieu intervient dans le cours de l'histoire ?
- Modifie-t-il le cours des évènements quand ils ne vont pas dans le sens qu'il souhaite ?
- Sur quels critères est-ce que je fonde mon avis sur une personne ?
- Est-ce qu'il m'arrive de dire d'une personne que Dieu est avec elle ?

Prier

En écho à ce texte et à ce dimanche dit de *Laetare* (de la joie), nous prenons le cantique *Soyons toujours joyeux* (C512). ■

Sylvain Gasser,
prêtre assomptionniste

LUNDI 20 MARS 2023

COULEUR LITURGIQUE : BLANC

Saint Joseph

La solennité de saint Joseph est déplacée au lundi quand le 19 mars tombe un dimanche.

Antienne d'ouverture

Voici le serviteur fidèle et avisé que le Seigneur a placé à la tête de sa famille. (cf. Lc 12, 42)

Gloire à Dieu (*p. 229*)

Prière

Dieu tout-puissant, à l'aube des temps nouveaux tu as confié au bienheureux Joseph la garde des mystères du salut ; accorde maintenant à ton Église, soutenue par sa prière, de veiller toujours sur leur achèvement. Par Jésus… ***— Amen.***

Lectures propres à la solennité de saint Joseph.

Lecture

du deuxième livre de Samuel (7, 4-5a. 12-14a. 16)

« Le Seigneur Dieu lui donnera le trône de David son père »

Cette nuit-là, la parole du Seigneur fut adressée au prophète Nathan : « Va dire à mon serviteur David : Ainsi parle le Seigneur : Quand tes jours seront accomplis et que tu reposeras auprès de tes pères, je te susciterai dans ta descendance un successeur, qui naîtra de toi, et je rendrai stable sa royauté. C'est lui qui bâtira une maison pour mon nom, et je rendrai

stable pour toujours son trône royal. Moi, je serai pour lui un père ; et lui sera pour moi un fils. Ta maison et ta royauté subsisteront toujours devant moi, ton trône sera stable pour toujours. » – Parole du Seigneur.

Psaume 88 (89)

℟ ***Sa dynastie, sans fin subsistera.***

L'amour du Seigneur, sans f**i**n je le chante ;
ta fidélité, je l'ann**o**nce d'âge en âge.
Je le dis : C'est un amour bât**i** pour toujours ;
ta fidélité est plus st**a**ble que les cieux. ℟

« Avec mon élu, j'ai f**a**it une alliance,
j'ai juré à Dav**i**d, mon serviteur :
J'établirai ta dynast**i**e pour toujours,
je te bâtis un trône pour la su**i**te des âges. ℟

« Il me dira : Tu **e**s mon Père,
mon Dieu, mon r**o**c et mon salut !
Sans fin je lui garder**a**i mon amour,
mon alliance avec lu**i** sera fidèle. » ℟

Lecture

de la lettre de saint Paul apôtre aux Romains (4, 13. 16-18. 22)

« Espérant contre toute espérance, il a cru »

Frères, ce n'est pas en vertu de la Loi que la promesse de recevoir le monde en héritage a été faite à Abraham et à sa descendance, mais en vertu de la justice obtenue par la foi. Voilà pourquoi on devient héritier par la foi : c'est une grâce, et la promesse demeure ferme pour tous les descendants d'Abraham, non pour ceux qui se rattachent à la Loi seulement, mais pour ceux qui se rattachent aussi à la foi d'Abraham, lui qui est notre père à tous. C'est bien ce qui est écrit : *J'ai fait de toi le père d'un grand nombre de nations.* Il est notre père devant Dieu en qui il a cru, Dieu qui donne la vie aux morts et qui appelle à l'existence ce qui n'existe pas. Espérant contre toute espérance, il a cru ; ainsi est-il devenu le père d'un grand nombre de nations, selon cette parole : *Telle sera la descendance que tu auras !* Et voilà pourquoi *il lui fut accordé d'être juste.*

– Parole du Seigneur.

Acclamation de l'Évangile

Gloire et louange à toi, Seigneur Jésus. Heureux les habitants de ta maison, Seigneur : ils pourront te chanter encore ! ***Gloire et louange à toi, Seigneur Jésus.***

Évangile de Jésus Christ

selon saint Matthieu (1, 16. 18-21. 24a)

« Joseph fit ce que l'ange du Seigneur lui avait prescrit »

Jacob engendra Joseph, l'époux de Marie, de laquelle fut engendré Jésus, que l'on appelle Christ.

Or, voici comment fut engendré Jésus Christ : Marie, sa mère, avait été accordée en mariage à Joseph ; avant qu'ils aient habité ensemble, elle fut enceinte par l'action de l'Esprit Saint. Joseph, son époux, qui était un homme juste*, et ne voulait pas la dénoncer publiquement, décida de la renvoyer en secret. Comme il avait formé ce projet, voici que l'ange du Seigneur lui apparut en songe et lui

dit : « Joseph, fils de David, ne crains pas de prendre chez toi Marie, ton épouse, puisque l'enfant qui est engendré en elle vient de l'Esprit Saint; elle enfantera un fils, et tu lui donneras le nom de Jésus (c'est-à-dire : Le-Seigneur-sauve), car c'est lui qui sauvera son peuple de ses péchés. » Quand Joseph se réveilla, il fit ce que l'ange du Seigneur lui avait prescrit.

On peut aussi lire l'évangile selon saint Luc 2, 41-51a.

Profession de foi *(p. 230)*

Prière sur les offrandes

Nous t'en prions, Seigneur, fais que nous puissions nous présenter au service de ton autel avec un cœur sans partage, à l'exemple du bienheureux Joseph qui s'est consacré tout entier à servir ton Fils unique, né de la Vierge Marie. Lui qui… ***— Amen.***

Prière eucharistique

(Préface de saint Joseph)

Vraiment, il est juste et bon, pour ta gloire et notre salut, de t'offrir notre action de grâce, toujours et en tout lieu, Seigneur, Père très saint, Dieu éternel et tout-puissant. En fêtant saint Joseph, c'est à toi que nous devons rendre hommage, toi que nous exaltons et que nous bénissons. Car il fut l'homme juste que tu donnas comme époux à la Vierge Marie, la Mère de Dieu; il fut le serviteur fidèle et prudent à qui tu confias la sainte

Famille ; il veilla comme un père sur ton Fils unique conçu par la puissance du Saint-Esprit, Jésus Christ, notre Seigneur. Par lui, les anges célèbrent ta grandeur, et les esprits bienheureux adorent ta gloire ; par lui s'inclinent devant toi les puissances d'en haut, et tressaillent d'une même allégresse les innombrables créatures des cieux. À leur hymne de louange, laisse-nous joindre nos voix pour chanter et proclamer : ***Saint ! Saint ! Saint…***

Antienne de la communion

Serviteur bon et fidèle,
entre dans la joie
de ton Seigneur.
(Mt 25, 21)

Prière après la communion

Par cette nourriture reçue à ton autel, Seigneur, tu as rassasié ta famille, heureuse de fêter le bienheureux Joseph ; garde-la sous ta constante protection et, dans ta bonté, veille sur les dons que tu lui as faits. Par le Christ, notre Seigneur. ***— Amen.***

INVITATION *proposée avec le CCFD-Terre solidaire*

Les associations partenaires du CCFD-Terre solidaire agissent dans leur pays pour construire une société plus fraternelle. Je peux m'inscrire sur leurs actions sur le site du CCFD-Terre solidaire.

COMMENTAIRE

La paix du Christ — Matthieu 1, 16. 18-21. 24a

Deux récits d'annonciation encadrent la semaine. Bousculant nos repères temporels, ils nous mettent en posture d'écoute. Accablé de soucis, Joseph réussit à trouver le sommeil. L'ange du Seigneur lui apparaît en songe : « Ne crains pas de prendre chez toi Marie, ton épouse. » En lui révélant l'origine divine de la maternité de celle qu'il aime plus que tout, le messager libère le cœur de Joseph et lui apporte la paix, signe de la présence de l'Esprit. ■

***Bénédicte de la Croix,** cistercienne*

✻ CLÉ DE LECTURE

« Un homme juste » — Matthieu 1, 19 *(p. 148)*

Joseph est juste, en cela d'abord qu'il n'observe pas strictement la Loi qui stigmatisait ouvertement les femmes soupçonnées d'adultère, quand elle ne demandait pas de les lapider ! Mais Joseph place plus haut la loi de l'amour et du respect du prochain et, plutôt que de livrer la jeune femme qui lui est promise à la vindicte publique, il veut discrètement la renvoyer chez elle. Juste plus encore, lorsqu'il comprend qu'en sa promise va s'accomplir par l'Esprit la promesse de Dieu à son peuple, l'envoi d'un fils de David, qui manifestera à tous que « Dieu est avec nous ». Alors Joseph, fidèle à sa propre promesse, habité de l'Esprit de Dieu, prend en charge de façon décisive et définitive « la mère et l'enfant » pour les protéger de tous les dangers. ■

***Roselyne Dupont-Roc,** bibliste*

MARDI 21 MARS 2023

4E SEMAINE DE CARÊME COULEUR LITURGIQUE : VIOLET

Temps du Carême, *messe de la férie*

Antienne d'ouverture

Vous tous qui avez soif, venez,
voici de l'eau ! dit le Seigneur.
Même si vous n'avez pas d'argent,
venez et buvez avec joie. (cf. Is 55, 1)

Prière

Seigneur, en ce temps de pénitence, donne à tes fidèles de te servir d'un cœur généreux, pour être bien disposés à accueillir le mystère pascal et proclamer l'annonce de ton salut. Par Jésus… ***— Amen.***

Lecture

du livre du prophète Ézékiel (47, 1-9. 12)

J'ai vu l'eau qui jaillissait du Temple : tous ceux qu'elle touchait furent sauvés

En ces jours-là, au cours d'une vision reçue du Seigneur, l'homme me fit revenir à l'entrée de la Maison, et voici : sous le seuil de la Maison, de l'eau jaillissait vers l'orient, puisque la façade de la Maison était du côté de l'orient. L'eau descendait de dessous le côté droit de la Maison, au sud de l'autel. L'homme me fit sortir par la porte du nord et me fit faire le tour par l'extérieur, jusqu'à la porte qui fait face à l'orient, et là encore

l'eau coulait du côté droit. L'homme s'éloigna vers l'orient, un cordeau à la main, et il mesura une distance de mille coudées ; alors il me fit traverser l'eau : j'en avais jusqu'aux chevilles. Il mesura encore mille coudées et me fit traverser l'eau : j'en avais jusqu'aux genoux. Il mesura encore mille coudées et me fit traverser : j'en avais jusqu'aux reins. Il en mesura encore mille : c'était un torrent que je ne pouvais traverser ; l'eau avait grossi, il aurait fallu nager : c'était un torrent infranchissable. Alors il me dit : « As-tu vu, fils d'homme ? » Puis il me ramena au bord du torrent. Quand il m'eut ramené, voici qu'il y avait au bord du torrent, de chaque côté, des arbres en grand nombre.

Il me dit : « Cette eau coule vers la région de l'orient, elle descend dans la vallée du Jourdain, et se déverse dans la mer Morte, dont elle assainit les eaux. En tout lieu où parviendra le torrent, tous les animaux pourront vivre et foisonner. Le poisson sera très abondant, car cette eau assainit tout ce qu'elle pénètre, et la vie apparaît en tout lieu où arrive le torrent. Au bord du torrent, sur les deux rives, toutes sortes d'arbres fruitiers pousseront ; leur feuillage ne se flétrira pas et leurs fruits ne manqueront pas. Chaque mois ils porteront des fruits nouveaux, car cette eau vient du sanctuaire. Les fruits seront une nourriture, et les feuilles un remède. » – Parole du Seigneur.

Psaume 45 (46)

℟ ***Il est avec nous, le Dieu de l'univers ; citadelle pour nous, le Dieu de Jacob !***

Dieu est pour nous refuge et force,
secours dans la détresse, toujours offert.
Nous serons sans crainte
si la terre est secouée,
si les montagnes s'effondrent
au creux de la mer. ℟

Le Fleuve, ses bras réjouissent la ville de Dieu,
la plus sainte des demeures du Très-Haut.
Dieu s'y tient : elle est inébranlable ;
quand renaît le matin,
Dieu la secourt. ℟

Il est avec nous, le Seigneur de l'univers ;
citadelle pour nous, le Dieu de Jacob !
Venez et voyez les actes du Seigneur,
il détruit la guerre
jusqu'au bout du monde. ℟

Acclamation de l'Évangile

Gloire et louange à toi, Seigneur Jésus ! Crée en moi un cœur pur, ô mon Dieu ; rends-moi la joie d'être sauvé. ***Gloire et louange à toi, Seigneur Jésus !***

Évangile de Jésus Christ

selon saint Jean (5, 1-16)

« Aussitôt l'homme fut guéri »

À l'occasion d'une fête juive, Jésus monta à Jérusalem. Or, à Jérusalem, près de la porte des Brebis, il existe une piscine qu'on appelle en hébreu Bethzatha. Elle a cinq colonnades, sous lesquelles étaient couchés une foule de malades, aveugles, boiteux et impotents. Il y avait là

un homme qui était malade depuis trente-huit ans. Jésus, le voyant couché là, et apprenant qu'il était dans cet état depuis longtemps, lui dit : « Veux-tu être guéri ? » Le malade lui répondit : « Seigneur, je n'ai personne pour me plonger dans la piscine au moment où l'eau bouillonne ; et pendant que j'y vais, un autre descend avant moi. » Jésus lui dit : « Lève-toi*, prends ton brancard, et marche. » Et aussitôt l'homme fut guéri. Il prit son brancard : il marchait ! Or, ce jour-là était un jour de sabbat. Les Juifs dirent donc à cet homme que Jésus avait remis sur pied : « C'est le sabbat ! Il ne t'est pas permis de porter ton brancard. » Il leur répliqua : « Celui qui m'a guéri, c'est lui qui m'a dit : "Prends ton brancard, et marche !" » Ils l'interrogèrent : « Quel est l'homme qui t'a dit : "Prends ton brancard, et marche" ? » Mais celui qui avait été rétabli ne savait pas qui c'était ; en effet, Jésus s'était éloigné, car il y avait foule à cet endroit.
Plus tard, Jésus le retrouve dans le Temple et lui dit : « Te voilà guéri. Ne pèche plus, il pourrait t'arriver quelque chose de pire. » L'homme partit annoncer aux Juifs que c'était Jésus qui l'avait guéri. Et ceux-ci persécutaient Jésus parce qu'il avait fait cela le jour du sabbat.

Prière sur les offrandes

Nous te présentons, Seigneur, les biens que tu nous as donnés : qu'ils témoignent des bienfaits de ta création pour notre condition mortelle, et qu'ils deviennent le remède qui nous procurera l'immortalité. Par le Christ, notre Seigneur. — ***Amen.***

Préface du Carême, p. 233.

Antienne de la communion

Le Seigneur est mon berger :
je ne manque de rien.
Sur des prés d'herbe fraîche,
il me fait reposer.
Il me mène vers les eaux tranquilles
et me fait revivre. (Ps 22, 1-3)

Prière après la communion

Dans ta bonté, Seigneur, purifie nos esprits : que tes sacrements les renouvellent ; fais que même nos corps y trouvent une aide pour aujourd'hui et pour la vie future. Par le Christ, notre Seigneur. **— *Amen.***

Prière sur le peuple

Le prêtre peut dire la prière suivante :

Dieu de miséricorde, fais que ton peuple soit toujours fidèle à te servir et reçoive constamment de ta bienveillance ce qui lui est profitable. Par le Christ, notre Seigneur. **— *Amen.***

INVITATION *proposée avec le CCFD-Terre solidaire*

En ce temps de Carême, par quel geste puis-je participer à remettre notre monde debout, à construire la solidarité, autour de moi ?

COMMENTAIRE

Je le veux Jean 5, 1-16

« Veux-tu être guéri ? » Quelle délicatesse dans cette demande de Jésus ! Jamais il ne force son interlocuteur, même pour son bien. Laissons résonner cette question à l'intime de notre être en évitant de formuler une réponse trop rapide. La guérison, au sens large, m'engage sur un chemin de conversion : « Lève-toi, prends ton brancard, et marche. » Suis-je prêt à mettre résolument mes pas dans ceux du Christ, à suivre l'Agneau partout où il va ? ■

Bénédicte de la Croix, cistercienne

❊ CLÉ DE LECTURE

« Lève-toi » Jean 5, 8 *(p. 155)*

Dans le quartier de Bethzatha à Jérusalem, on a retrouvé les ruines d'une piscine, liée peut-être à un ancien sanctuaire du dieu guérisseur Sérapis. Ce que le texte décrit relève bien des pratiques thérapeutiques semi-magiques des sanctuaires, probablement détachées du dieu païen et proposées aux foules juives. La guérison qu'opère Jésus illustre, elle, l'affirmation majeure qui parcourt tout l'évangile : Jésus est habité par la force de l'Esprit, qui est force de résurrection. « Lève-toi », dit-il, utilisant le verbe le plus courant du réveil et du lever, un verbe dont la tradition pharisienne a fait une métaphore de la résurrection des morts. Délivré de ce qui l'entravait, recréé, l'homme est appelé à mettre sa force nouvelle au service de la vie. ■

Roselyne Dupont-Roc, bibliste

MERCREDI 22 MARS 2023

4E SEMAINE DE CARÊME COULEUR LITURGIQUE : VIOLET

Temps du Carême, *messe de la férie*

Antienne d'ouverture

Moi, je te prie Seigneur, c'est l'heure de ta grâce ;
dans ton grand amour, Dieu, réponds-moi,
par ta vérité, sauve-moi.
(Ps 68, 14)

Prière

Seigneur Dieu, tu offres aux justes la récompense de leurs efforts et le pardon aux pécheurs qui se repentent : prends pitié de ceux qui te supplient, afin que la confession de nos péchés obtienne le pardon de nos fautes. Par Jésus… ***— Amen.***

Lecture

du livre du prophète Isaïe (49, 8-15)

« Je t'ai établi, pour que tu sois l'alliance du peuple, pour relever le pays »

Ainsi parle le Seigneur : Au temps favorable, je t'ai exaucé, au jour du salut, je t'ai secouru. Je t'ai façonné, établi, pour que tu sois l'alliance du peuple, pour relever le pays, restituer les héritages dévastés et dire aux prisonniers : « Sortez » ! aux captifs des ténèbres : « Montrez-vous » ! Au long des routes, ils pourront paître ; sur les hauteurs dénudées seront leurs pâturages. Ils n'auront ni faim ni soif ; le vent brûlant et

le soleil ne les frapperont plus. Lui, plein de compassion, les guidera, les conduira vers les eaux vives. De toutes mes montagnes, je ferai un chemin, et ma route sera rehaussée. Les voici : ils viennent de loin, les uns du nord et du couchant, les autres des terres du sud. Cieux, criez de joie ! Terre, exulte ! Montagnes, éclatez en cris de joie ! Car le Seigneur console son peuple ; de ses pauvres, il a compassion.
Jérusalem disait : « Le Seigneur m'a abandonnée, mon Seigneur m'a oubliée. » Une femme peut-elle oublier son nourrisson, ne plus avoir de tendresse pour le fils de ses entrailles ? Même si elle l'oubliait, moi, je ne t'oublierai pas.
– Parole du Seigneur.

Psaume 144 (145)

℟ ***Le Seigneur est tendresse et pitié, lent à la colère et plein d'amour.***

Le Seigneur est tendresse et pitié,
lent à la colère et plein d'amour ;
la bonté du Seigneur est pour tous,
sa tendresse, pour toutes ses œuvres. ℟

Le Seigneur est vrai en tout ce qu'il dit,
fidèle en tout ce qu'il fait.
Le Seigneur soutient tous ceux qui tombent,
il redresse tous les accablés. ℟

Le Seigneur est juste en toutes ses voies,
fidèle en tout ce qu'il fait.
Il est proche de ceux qui l'invoquent,
de tous ceux qui l'invoquent en vérité. ℟

Acclamation de l'Évangile

Gloire à toi, Seigneur, honneur, puissance et majesté ! Moi, je suis la résurrection et la vie, dit le Seigneur. Celui qui croit en moi ne mourra jamais. ***Gloire à toi, Seigneur, honneur, puissance et majesté !***

Évangile de Jésus Christ

selon saint Jean (5, 17-30)

« Comme le Père relève les morts et les fait vivre, ainsi le Fils fait vivre qui il veut »

En ce temps-là, après avoir guéri le paralysé un jour de sabbat, Jésus déclara aux Juifs : « Mon Père est toujours à l'œuvre, et moi aussi, je suis à l'œuvre. » C'est pourquoi, de plus en plus, les Juifs cherchaient à le tuer, car non seulement il ne respectait pas le sabbat, mais encore il disait que Dieu était son propre Père, et il se faisait ainsi l'égal de Dieu.

Jésus reprit donc la parole. Il leur déclarait : « Amen, amen, je vous le dis : le Fils ne peut rien faire de lui-même, il fait seulement ce qu'il voit faire par le Père ; ce que fait celui-ci, le Fils le fait pareillement. Car le Père aime le Fils et lui montre tout ce qu'il fait. Il lui montrera des œuvres plus grandes encore, si bien que vous serez dans l'étonnement. Comme le Père, en effet, relève les morts et les fait vivre, ainsi le Fils, lui aussi, fait vivre qui il veut. Car le Père ne juge personne : il a donné au Fils tout pouvoir pour juger, afin que tous honorent le Fils comme ils honorent le Père. Celui qui ne rend pas honneur au Fils ne rend pas non plus honneur au Père, qui l'a envoyé. Amen, amen, je vous le dis : qui écoute ma parole et croit en Celui qui m'a envoyé, obtient la vie éternelle et il échappe au jugement, car

déjà il passe de la mort à la vie. Amen, amen, je vous le dis : l'heure vient – et c'est maintenant – où les morts entendront la voix du Fils de Dieu, et ceux qui l'auront entendue vivront. Comme le Père, en effet, a la vie en lui-même, ainsi a-t-il donné au Fils d'avoir, lui aussi, la vie en lui-même ; et il lui a donné pouvoir d'exercer le jugement, parce qu'il est le Fils de l'homme. Ne soyez pas étonnés ; l'heure vient où tous ceux qui sont dans les tombeaux entendront sa voix ; alors, ceux qui ont fait le bien sortiront pour ressusciter et vivre, ceux qui ont fait le mal, pour ressusciter et être jugés.

« Moi, je ne peux rien faire de moi-même ; je rends mon jugement d'après ce que j'entends, et mon jugement est juste, parce que je ne cherche pas à faire ma volonté, mais la volonté de Celui qui m'a envoyé. »

Prière sur les offrandes

Dans ta bienveillance, Seigneur, fais que la puissance de ce sacrifice purifie tout ce qui vieillit en nous : qu'elle fasse grandir la vie nouvelle et nous apporte le salut. Par le Christ, notre Seigneur. ***— Amen.***

Préface du Carême, p. 233.

Antienne de la communion

Dieu a envoyé son Fils
dans le monde, non pas pour juger
le monde, mais pour que,
par lui, le monde soit sauvé.
(Jn 3, 17)

Prière après la communion

Ne permets pas, Seigneur, que ce don du ciel soit un motif de condamnation pour ceux qui l'ont reçu, puisque tu l'as destiné à la guérison de tes fidèles. Par le Christ, notre Seigneur. ***— Amen.***

Prière sur le peuple

Le prêtre peut dire la prière suivante :

Que ta tendresse, Seigneur, entoure et protège ceux qui te servent ; alors, faisant le bien en ce monde, ils parviendront jusqu'à toi, le souverain bien. Par le Christ, notre Seigneur.

— Amen.

INVITATION *proposée avec le CCFD-Terre solidaire*

Je prends le temps de réfléchir à la manière dont mes choix de vie participent à construire un monde de paix, les choses à transformer dans mon quotidien familial, professionnel, associatif.

COMMENTAIRE

Dieu, notre Mère Isaïe 49, 8-15

Dieu s'adresse à Jérusalem, ville sainte, et, à travers elle, à chacun de nous. Une femme peut abandonner son enfant, mais la fidélité du Très-Haut est sans faille : « Moi, je ne t'oublierai pas. » Les entrailles de Dieu frémissent lorsque nous nous éloignons de lui, plus sensibles encore que celles d'une mère. Profitons de ce temps de Carême pour goûter sa miséricorde. Osons plonger notre misère dans ce foyer ardent qui consume toute faute. ■

Bénédicte de la Croix, *cistercienne*

JEUDI 23 MARS 2023

4E SEMAINE DE CARÊME COULEUR LITURGIQUE : VIOLET

Temps du Carême, *messe de la férie*
(Saint Turibio de Mogrovejo)

Antienne d'ouverture

Joie pour les cœurs qui cherchent Dieu.
Cherchez le Seigneur, et vous serez affermis,
recherchez sans trêve sa face. (cf. Ps 104, 3-4)

Prière

Nous implorons humblement, Seigneur, ta tendresse : donne à tes serviteurs, purifiés par la conversion et formés par leurs œuvres bonnes, de persévérer dans tes commandements d'un cœur sincère et d'arriver sans encombre aux fêtes de Pâques. Par Jésus… ***– Amen.***

Lecture

du livre de l'Exode (32, 7-14)

« Renonce au mal que tu veux faire à ton peuple »

En ces jours-là, le Seigneur parla à Moïse : « Va, descends, car ton peuple s'est corrompu, lui que tu as fait monter du pays d'Égypte. Ils n'auront pas mis longtemps à s'écarter du chemin que je leur avais ordonné de suivre ! Ils se sont fait un veau en métal fondu et se sont prosternés devant lui. Ils lui ont offert des sacrifices en proclamant : "Israël, voici tes dieux, qui t'ont fait monter du pays d'Égypte." »

19 - 25

Le Seigneur dit encore à Moïse : « Je vois que ce peuple est un peuple à la nuque raide. Maintenant, laisse-moi faire ; ma colère va s'enflammer contre eux et je vais les exterminer ! Mais, de toi, je ferai une grande nation. »
Moïse apaisa le visage du Seigneur son Dieu en disant : « Pourquoi, Seigneur, ta colère s'enflammerait-elle contre ton peuple, que tu as fait sortir du pays d'Égypte par ta grande force et ta main puissante ? Pourquoi donner aux Égyptiens l'occasion de dire : "C'est par méchanceté qu'il les a fait sortir ; il voulait les tuer dans les montagnes et les exterminer à la surface de la terre" ? Reviens de l'ardeur de ta colère, renonce au mal que tu veux faire à ton peuple. Souviens-toi de tes serviteurs, Abraham, Isaac et Israël, à qui tu as juré par toi-même : "Je multiplierai votre descendance comme les étoiles du ciel ; je donnerai, comme je l'ai dit, tout ce pays à vos descendants, et il sera pour toujours leur héritage." »
Le Seigneur renonça au mal qu'il avait voulu faire à son peuple.
– Parole du Seigneur.

Psaume 105 (106)

℟ ***Souviens-toi de nous, Seigneur, dans ta bienveillance pour ton peuple.***

Souviens-toi de m<u>o</u>i, Seigneur,
dans ta bienveill<u>a</u>nce pour ton peuple.
Avec nos pères, nous av<u>o</u>ns péché,
nous avons faill<u>i</u> et renié. ℟

À l'Horeb ils fabr<u>i</u>quent un veau,
ils adorent un obj<u>e</u>t en métal :
ils échangeaient ce qui ét<u>a</u>it leur gloire
pour l'image d'un taurea<u>u</u>, d'un ruminant. ℟

Ils oublient le Dieu qui les sauve,
qui a fait des prodiges en Égypte,
des miracles au pays de Cham,
des actions terrifiantes sur la mer Rouge. ℟

Dieu a décidé de les détruire.
C'est alors que Moïse, son élu,
surgit sur la brèche, devant lui,
pour empêcher que sa fureur les extermine. ℟

Acclamation de l'Évangile

Louange à toi, Seigneur, Roi d'éternelle gloire ! Dieu a tellement aimé le monde qu'il a donné son Fils unique, afin que ceux qui croient en lui aient la vie éternelle. ***Louange à toi, Seigneur, Roi d'éternelle gloire !***

Évangile de Jésus Christ

selon saint Jean (5, 31-47)

« Votre accusateur, c'est Moïse, en qui vous avez mis votre espérance »

En ce temps-là, Jésus disait aux Juifs : « Si c'est moi qui me rends témoignage, mon témoignage n'est pas vrai ; c'est un autre qui me rend témoignage, et je sais que le témoignage qu'il me rend est vrai. Vous avez envoyé une délégation auprès de Jean le Baptiste, et il a rendu témoignage à la vérité. Moi, ce n'est pas d'un homme que je reçois le témoignage, mais je parle ainsi pour que vous soyez sauvés. Jean était la lampe qui brûle et qui brille, et vous avez voulu vous réjouir un moment à sa lumière. Mais j'ai pour moi un témoignage plus grand que celui de Jean : ce sont les œuvres que le Père m'a donné d'accomplir ; les œuvres mêmes que je fais témoignent que le Père m'a envoyé. Et le Père qui m'a envoyé, lui, m'a rendu témoignage. Vous n'avez jamais entendu sa voix, vous n'avez jamais vu sa face, et vous ne laissez pas sa parole demeurer en vous, puisque vous ne croyez pas en celui que le Père a envoyé. Vous scrutez les Écritures parce que vous pensez y trouver la vie éternelle ; or, ce sont les Écritures qui me rendent témoignage, et vous ne voulez pas venir à moi pour avoir la vie ! La gloire, je ne la reçois pas des hommes ; d'ailleurs je vous connais : vous n'avez pas en vous l'amour de Dieu. Moi, je suis venu au nom de mon Père, et vous ne me recevez pas ; qu'un autre vienne en son propre nom, celui-là, vous le recevrez ! Comment pourriez-vous croire, vous qui recevez votre gloire les uns des autres, et qui ne cherchez pas la gloire qui vient du Dieu unique ? Ne pensez pas que c'est moi qui vous accuserai devant le Père. Votre accusateur, c'est Moïse, en qui vous avez mis votre espérance. Si vous croyiez Moïse, vous me croiriez aussi, car c'est à mon sujet qu'il a écrit. Mais si vous ne croyez pas ses écrits, comment croirez-vous mes paroles ? »

Prière sur les offrandes

Nous t'en prions, Dieu tout-puissant, toi qui connais notre faiblesse : que l'offrande de ce sacrifice nous purifie de tout mal et nous protège toujours. Par le Christ, notre Seigneur. ***— Amen.***

Préface du Carême, *p. 233.*

Antienne de la communion

Je mettrai ma Loi
au plus profond d'eux-mêmes ;
je l'inscrirai sur leur cœur.
Je serai leur Dieu,
et ils seront mon peuple,
déclare le Seigneur. (Jr 31, 33)

Prière après la communion

Purifie-nous, Seigneur, par les sacrements que nous avons reçus et libère de tout péché ceux qui te servent ; ils sont liés par la conscience de leurs fautes : qu'ils trouvent leur gloire dans la pleine guérison qui vient du ciel. Par le Christ, notre Seigneur.
— Amen.

Prière sur le peuple

Le prêtre peut dire la prière suivante :
Seigneur Dieu, défenseur de ceux qui espèrent en toi, bénis ton peuple, donne-lui salut et protection, gouverne-le, afin que, libéré des péchés, hors d'atteinte de l'ennemi, il persévère toujours dans ton amour. Par le Christ, notre Seigneur. ***— Amen.***

INVITATION *proposée avec le CCFD-Terre solidaire*

Je peux identifier autour de moi des expériences de construction de la paix et de la solidarité entre les personnes ou entre les peuples, dont je veux témoigner.

COMMENTAIRE

Parlons d'or

Exode 32, 7-14

Sur la montagne, Dieu et Moïse s'entretiennent du contenu de l'Alliance. Le peuple, trouvant le temps long, demande à Aaron de fondre les bijoux rapportés d'Égypte pour confectionner un veau d'or, une idole à leur mesure, portative ! Face au scandale, Moïse n'hésite pas à intercéder pour le peuple, rappelant au Très-Haut sa fidélité et les promesses faites à Abraham. À la suite de Moïse, n'hésitons pas à intercéder à temps et à contretemps ! ■

***Bénédicte de la Croix,** cistercienne*

VENDREDI 24 MARS 2023

4E SEMAINE DE CARÊME COULEUR LITURGIQUE : VIOLET

Temps du Carême, *messe de la férie*

Antienne d'ouverture

Par ton nom, Dieu, sauve-moi, par ta puissance libère-moi ;
Dieu, entends ma prière, écoute les paroles de ma bouche. (cf. Ps 53, 3-4)

Prière

Seigneur Dieu, tu as préparé les secours dont notre faiblesse a besoin ; donne-nous d'accueillir avec joie notre relèvement et d'en témoigner par la fidélité de notre vie. Par Jésus… — ***Amen.***

Lecture

du livre de la Sagesse (2, 1a. 12-22)

« Condamnons le juste à une mort infâme »

Les impies ne sont pas dans la vérité lorsqu'ils raisonnent ainsi en eux-mêmes : « Attirons le juste dans un piège, car il nous contrarie, il s'oppose à nos entreprises, il nous reproche de désobéir à la loi de Dieu, et nous accuse d'infidélités à notre éducation. Il prétend posséder la connaissance de Dieu, et se nomme lui-même enfant du Seigneur. Il est un démenti pour nos idées, sa seule présence nous pèse ; car il mène une vie en dehors du commun, sa conduite est étrange. Il nous tient pour des gens douteux, se détourne de nos chemins comme de la boue.

Il proclame heureux le sort final des justes et se vante d'avoir Dieu pour père. Voyons si ses paroles sont vraies, regardons comment il en sortira. Si le juste est fils de Dieu, Dieu l'assistera, et l'arrachera aux mains de ses adversaires. Soumettons-le à des outrages et à des tourments ; nous saurons ce que vaut sa douceur, nous éprouverons sa patience. Condamnons-le à une mort infâme, puisque, dit-il, quelqu'un interviendra pour lui. »
C'est ainsi que raisonnent ces gens-là, mais ils s'égarent ; leur méchanceté les a rendus aveugles. Ils ne connaissent pas les secrets de Dieu, ils n'espèrent pas que la sainteté puisse être récompensée, ils n'estiment pas qu'une âme irréprochable puisse être glorifiée.
– Parole du Seigneur.

Psaume 33 (34)

℟ ***Le Seigneur est proche du cœur brisé.***

Le Seigneur affr<u>**o**</u>nte les méchants
pour effacer de la t<u>**e**</u>rre leur mémoire.
Le Seigneur ent<u>**e**</u>nd ceux qui l'appellent :
de toutes leurs ang<u>**o**</u>isses, il les délivre. ℟

Il est proche du cœ<u>**u**</u>r brisé,
il sauve l'espr<u>**i**</u>t abattu.
Malheur sur malhe<u>**u**</u>r pour le juste,
mais le Seigneur chaque f<u>**o**</u>is le délivre. ℟

Il veille sur chac<u>**u**</u>n de ses os :
pas un ne ser<u>**a**</u> brisé.
Le Seigneur rachèter<u>**a**</u> ses serviteurs :
pas de châtiment pour qui
trouve en lu<u>**i**</u> son refuge. ℟

Acclamation de l'Évangile

Ta parole, Seigneur, est vérité, et ta loi, délivrance. L'homme ne vit pas seulement de pain, mais de toute parole qui sort de la bouche de Dieu. ***Ta parole, Seigneur, est vérité, et ta loi, délivrance.***

Évangile de Jésus Christ

selon saint Jean (7, 1-2. 10. 14. 25-30)

« On cherchait à l'arrêter, mais son heure n'était pas encore venue »

En ce temps-là, Jésus parcourait la Galilée : il ne voulait pas parcourir la Judée car les Juifs cherchaient à le tuer. La fête juive des Tentes était proche. Lorsque ses frères furent montés à Jérusalem pour la fête, il y monta lui aussi, non pas ostensiblement, mais en secret.

On était déjà au milieu de la semaine de la fête quand Jésus monta au Temple ; et là il enseignait. Quelques habitants de Jérusalem disaient alors : « N'est-ce pas celui qu'on cherche à tuer ? Le voilà qui parle ouvertement, et personne ne lui dit rien ! Nos chefs auraient-ils vraiment reconnu que c'est lui le Christ ? Mais lui, nous savons d'où il est. Or, le Christ, quand il viendra, personne ne saura d'où il est. » Jésus, qui enseignait dans le Temple, s'écria : « Vous me connaissez ? Et vous savez d'où je suis ? Je ne suis pas venu de moi-même : mais il est véridique, Celui qui m'a envoyé, lui que vous ne connaissez pas*. Moi, je le connais parce que je viens d'auprès de lui, et c'est lui qui m'a envoyé. »

On cherchait à l'arrêter, mais personne ne mit la main sur lui parce que son heure n'était pas encore venue.

Prière sur les offrandes

Dieu tout-puissant, que le sacrifice dont la force purifie nous achemine jusqu'à sa source en nous purifiant encore. Par le Christ, notre Seigneur. ***– Amen.***

Préface du Carême, p. 233.

Antienne de la communion

Dans le Christ, par son sang,
nous avons la rédemption, le pardon
de nos fautes. Telle est la richesse
de la grâce de Dieu. (Ep 1, 7)

Prière après la communion

Nous t'en prions, Seigneur, nous qui allons du passé vers ce qui est nouveau : tandis que nous quittons ce qui ne peut que vieillir mets en nous un esprit de renouveau et de sainteté. Par le Christ, notre Seigneur. ***– Amen.***

Prière sur le peuple

Le prêtre peut dire la prière suivante :

Tourne ton regard, Seigneur, vers ceux qui te servent et se confient en ta miséricorde ; dans ta bienveillance, accorde-leur la protection de ton secours. Par le Christ, notre Seigneur. ***– Amen.***

INVITATION *proposée avec le CCFD-Terre solidaire*

Le Carême peut être un temps pour m'engager dans des actions pour la solidarité internationale, participer à des actions du CCFD-Terre solidaire.

COMMENTAIRE

Sage homme Jean 7, 1-2. 10. 14. 25-30

Jésus déambule dans les rues de Jérusalem. Beaucoup savent qu'il vient de Nazareth, peut-être même connaissent-ils ses parents ? Ils préféreraient qu'il soit entouré d'un halo de mystère lui conférant une plus grande crédibilité. Sûrs d'eux, ils sont incapables d'entendre le Christ attester qu'il est l'envoyé du Père. Nous nous heurtons aujourd'hui aux mêmes difficultés : nombreux sont les admirateurs de sa sagesse, mais qui doutent de sa divinité. ■ ***Bénédicte de la Croix,*** *cistercienne*

❊ CLÉ DE LECTURE

« Que vous ne connaissez pas » Jean 7, 28 *(p. 170)*

On parle avec raison d'ironie johannique, et c'est Jésus qui la manie. Ceux qui l'entourent s'interrogent à son sujet et répondent par la négative, au motif qu'on ne saurait pas d'où vient le Messie, alors que tous savent qu'il vient, lui, de Nazareth. Mais ils ne savent rien, et se trompent lourdement. S'il est le Messie attendu, c'est qu'il vient d'un autre, du Dieu qu'ils ne connaissent pas. À nouveau, ironie blessante pour ces fidèles du Dieu d'Israël qui sont montés en pèlerinage pour la fête qu'il a prescrite à Moïse : parce qu'ils croient connaître Dieu et son Messie, ils les ont enfermés dans leurs propres représentations, et ils sont incapables de reconnaître l'inouï de Dieu qui vient à eux. Un risque qui doit sans cesse nous alerter ! ■

Roselyne Dupont-Roc, *bibliste*

SAMEDI 25 MARS 2023

COULEUR LITURGIQUE : BLANC

Annonciation du Seigneur

Antienne d'ouverture

Le Christ, en entrant dans le monde, dit :
« Me voici, mon Dieu ; je viens pour faire ta volonté. » (He 10, 5. 7)

Gloire à Dieu *(p. 229)*

Prière

Seigneur Dieu, tu as voulu que ton Verbe prît chair en toute vérité dans le sein de la Vierge Marie ; puisque nous reconnaissons en lui notre Rédempteur, à la fois Dieu et homme, accorde-nous d'être participants de sa nature divine. Lui qui… ***— Amen.***

Lectures propres à la solennité de l'Annonciation du Seigneur.

Lecture

du livre du prophète Isaïe (7, 10-14 ; 8, 10)

« Voici que la vierge concevra »

En ces jours-là, le Seigneur parla ainsi au roi Acaz : « Demande pour toi un signe de la part du Seigneur ton Dieu, au fond du séjour des morts ou sur les sommets, là-haut. » Acaz répondit : « Non, je n'en demanderai pas, je ne mettrai pas le Seigneur à l'épreuve. » Isaïe

dit alors : « Écoutez, maison de David ! Il ne vous suffit donc pas de fatiguer les hommes : il faut encore que vous fatiguiez mon Dieu ! C'est pourquoi le Seigneur lui-même vous donnera un signe : Voici que la vierge est enceinte, elle enfantera un fils, qu'elle appellera Emmanuel, car Dieu est avec nous. »
– Parole du Seigneur.

Psaume 39 (40)

℟ ***Me voici, Seigneur, je viens faire ta volonté.***

Tu ne voulais ni offr**a**nde ni sacrifice,
tu as ouv**e**rt mes oreilles ;
tu ne demandais ni holoca**u**ste ni victime,
alors j'ai dit : « Voic**i**, je viens. ℟

« Dans le livre, est écr**i**t pour moi
ce que tu ve**u**x que je fasse.
Mon Dieu, voil**à** ce que j'aime :
ta loi me ti**e**nt aux entrailles. » ℟

J'ann**o**nce la justice
dans la gr**a**nde assemblée ;
vois, je ne retiens p**a**s mes lèvres,
Seigne**u**r, tu le sais. ℟

Je n'ai pas enfoui ta justice
au f**o**nd de mon cœur,
je n'ai pas caché ta fidélit**é**, ton salut ;
j'ai dit ton amo**u**r et ta vérité
à la gr**a**nde assemblée. ℟

Lecture

de la lettre aux Hébreux (10, 4-10)

« Me voici, je suis venu, mon Dieu, pour faire ta volonté, ainsi qu'il est écrit de moi dans le Livre »

Frères, il est impossible que du sang de taureaux et de boucs enlève les péchés. Aussi, en entrant dans le monde, le Christ dit : *Tu n'as voulu ni sacrifice ni offrande, mais tu m'as formé un corps. Tu n'as pas agréé les holocaustes ni les sacrifices pour le péché ; alors, j'ai dit : Me voici, je suis venu, mon Dieu, pour faire ta volonté, ainsi qu'il est écrit de moi dans le Livre.* Le Christ commence donc par dire : *Tu n'as pas voulu ni agréé les sacrifices et les offrandes, les holocaustes et les sacrifices pour le péché,* ceux que la Loi prescrit d'offrir. Puis il déclare : *Me voici, je suis venu pour faire ta volonté.*

Ainsi, il supprime le premier état de choses pour établir le second. Et c'est grâce à cette volonté que nous sommes sanctifiés, par l'offrande que Jésus Christ a faite de son corps, une fois pour toutes.

– Parole du Seigneur.

Acclamation de l'Évangile

Gloire et louange à toi, Seigneur Jésus. Le Verbe s'est fait chair, il a habité parmi nous et nous avons vu sa gloire. ***Gloire et louange à toi, Seigneur Jésus.***

Évangile de Jésus Christ

selon saint Luc (1, 26-38)

« Voici que tu vas concevoir et enfanter un fils »

En ce temps-là, l'ange Gabriel fut envoyé par Dieu dans une ville de Galilée, appelée Nazareth, à une jeune fille vierge, accordée en mariage à un homme de la maison de David, appelé Joseph ; et le nom de la jeune fille était Marie. L'ange entra chez elle et dit : « Je te salue, Comblée-de-grâce, le Seigneur est avec toi. » À cette parole, elle fut toute bouleversée, et elle se demandait ce que pouvait signifier cette salutation. L'ange lui dit alors : « Sois sans crainte, Marie, car tu as trouvé grâce auprès de Dieu. Voici que tu vas concevoir et enfanter un fils ; tu lui donneras le nom de Jésus. Il sera grand, il sera appelé Fils du Très-Haut ; le Seigneur Dieu lui donnera le trône de David son père ; il régnera pour toujours sur la maison de Jacob, et son règne n'aura pas de fin. » Marie dit à l'ange : « Comment cela va-t-il se faire, puisque je ne connais pas d'homme ? » L'ange lui répondit : « L'Esprit Saint viendra sur toi, et la puissance du Très-Haut te prendra sous son ombre ; c'est pourquoi celui qui va naître sera saint, il sera appelé Fils de Dieu. Or voici que, dans sa vieillesse, Élisabeth, ta parente, a conçu, elle aussi, un fils et en est à son sixième mois, alors qu'on l'appelait la femme stérile. Car rien n'est impossible à Dieu. » Marie dit alors : « Voici la servante du Seigneur ; que tout m'advienne selon ta parole. » Alors l'ange la quitta.

Profession de foi *(p. 230)*

Prière sur les offrandes

Daigne accepter, Dieu tout-puissant, les dons offerts par ton Église : elle reconnaît son origine dans l'incarnation de ton Fils unique ; en ce jour de fête, qu'elle trouve sa joie à célébrer les mystères du Christ. Lui qui… ***– Amen.***

Prière eucharistique

(Préface de l'Annonciation)

Vraiment, il est juste et bon, pour ta gloire et notre salut, de t'offrir notre action de grâce, toujours et en tout lieu, Seigneur, Père très saint, Dieu éternel et tout-puissant, par le Christ, notre Seigneur. C'est lui qui pour sauver les hommes devait naître parmi les hommes, par la puissance de l'Esprit Saint qui couvrit Marie de son ombre ; c'est lui que le messager du ciel annonça à la Vierge, lui qu'elle accueillit dans la foi, lui qu'elle porta avec amour dans son corps immaculé. Il venait accomplir en vérité les promesses faites aux enfants d'Israël, combler, et même dépasser, l'espérance des nations. Par lui, les anges adorent ta majesté et se réjouissent en ta présence à jamais. À leur hymne de louange, laisse-nous joindre nos voix, pour chanter et proclamer :

Saint ! Saint ! Saint…

Antienne de la communion

Voici que la Vierge concevra,
et elle enfantera un fils ;
on lui donnera le nom d'Emmanuel.
(cf. Is 7, 14)

Prière après la communion

Nous t'en prions, Seigneur, affermis dans nos cœurs les mystères de la vraie foi ; puisque nous proclamons vrai Dieu et vrai homme celui qui a été conçu dans le sein de la Vierge, puissions-nous parvenir à la joie éternelle par la puissance de sa résurrection qui nous sauve. Lui qui… ***— Amen.***

INVITATION *proposée avec le CCFD-Terre solidaire*

En cette veille de cinquième dimanche de Carême, mon engagement peut se vivre par un don pour la solidarité internationale afin de participer à la construction d'un monde juste et fraternel.

COMMENTAIRE

Chamboule-tout Luc 1, 26-38

« Sois sans crainte. » L'ange rassure Marie, dont il vient chambouler l'existence, en des termes proches de ceux utilisés pour apprivoiser Joseph et l'aider à accueillir la naissance à venir. L'irruption de l'inédit de Dieu bouleverse les projets les plus raisonnables, ouvre des chemins improbables qu'il accompagne de sa grâce. En chassant la peur, sa présence aimante libère le « oui » des jeunes parents, prêts désormais à toutes les audaces ! ■

Bénédicte de la Croix, *cistercienne*

DIMANCHE 26 MARS 2023

5E DIMANCHE DE CARÊME

ANNÉE A – COULEUR LITURGIQUE : VIOLET

« Déliez-le, et laissez-le aller. »
Jean 11, 44

© Gaëtan Évrard

Jésus rejoint Marthe et Marie dans la situation bouleversante de la mort de leur frère. Séparation. Mystère de la vie et de la mort. La détresse n'empêche pas Marthe de faire confiance et de supplier. Sa relation avec Jésus est assez intime pour être vraie. Même douloureux, le dialogue ouvre sur une véritable profession de foi. Demandons la foi de Marthe.

RITES INITIAUX

Si, dans l'assemblée de ce dimanche, des catéchumènes se préparent au baptême, on peut employer les oraisons et intercessions propres prévues par le Missel.

Chant d'entrée *(Suggestions p. 256)*

OU

Antienne d'ouverture

Rends-moi justice, ô mon Dieu,
défends ma cause contre un peuple sans foi ;
de l'homme qui ruse et trahit, libère-moi ;
c'est toi, Dieu, ma forteresse. (Ps 42, 1-2)

Suggestion de préparation pénitentielle *(ou p. 227)*

En ce dimanche de Carême, implorons la grâce du Seigneur, revenons à lui de tout notre cœur, et reconnaissons notre péché.

Seigneur Jésus, près de toi se trouve le pardon. Tu es lumière dans notre nuit. Seigneur, prends pitié !

— Seigneur, prends pitié !

Ô Christ, près de toi se trouve l'amour. Tu es source dans nos déserts. Ô Christ, prends pitié ! ***— Ô Christ, prends pitié !***

Seigneur, près de toi notre âme trouve sa paix. Tu es la force dans l'épreuve. Seigneur, prends pitié ! ***— Seigneur, prends pitié !***

Que Dieu tout-puissant nous fasse miséricorde ; qu'il nous pardonne nos péchés et nous conduise à la vie éternelle. ***— Amen.***

Pendant le Carême, on omet le Gloire à Dieu.

Prière

Viens à notre secours, Seigneur notre Dieu : accorde-nous de marcher avec joie dans la charité de ton Fils qui a aimé le monde jusqu'à donner pour lui sa vie. Lui qui… ***– Amen.***

LITURGIE DE LA PAROLE

Lecture du livre du prophète Ézékiel (37, 12-14)

« Je mettrai en vous mon esprit, et vous vivrez »

Ainsi parle le Seigneur Dieu : Je vais ouvrir vos tombeaux et je vous en ferai remonter, ô mon peuple, et je vous ramènerai sur la terre d'Israël. Vous saurez que Je suis le Seigneur, quand j'ouvrirai vos tombeaux et vous en ferai remonter, ô mon peuple ! Je mettrai en vous mon esprit, et vous vivrez ; je vous donnerai le repos sur votre terre. Alors vous saurez que Je suis le Seigneur : j'ai parlé et je le ferai – oracle du Seigneur.

– Parole du Seigneur.

Psaume 129 (130)

℞ ***Près du Seigneur est l'amour, près de lui abonde le rachat.***

T. : AELF ; M. : T. Ospital ; Éd. : ADF.

Des profondeurs je crie vers toi, Seigneur,
Seigneur, écoute mon appel !
Que ton oreille se fasse attentive
au cri de ma prière ! ℞

Si tu retiens les fautes, Seigneur,
Seigneur, qui subsistera ?
Mais près de toi se trouve le pardon
pour que l'homme te craigne. ℞

Retrouvez ce psaume sur le CD "Les psaumes de l'année A"

J'espère le Seigneur de toute mon âme ;
je l'espère, et j'attends sa parole.
Mon âme attend le Seigneur
plus qu'un veilleur ne guette l'aurore. ℟

Oui, près du Seigneur, est l'amour ;
près de lui, abonde le rachat.
C'est lui qui rachètera Israël
de toutes ses fautes. ℟

Lecture de la lettre de saint Paul apôtre aux Romains (8, 8-11)

« L'Esprit de celui qui a ressuscité Jésus habite en vous »

Frères, ceux qui sont sous l'emprise de la chair ne peuvent pas plaire à Dieu. Or, vous, vous n'êtes pas sous l'emprise de la chair, mais sous celle de l'Esprit, puisque l'Esprit de Dieu habite en vous. Celui qui n'a pas l'Esprit du Christ ne lui appartient pas. Mais si le Christ est en vous, le corps, il est vrai, reste marqué par la mort à cause du péché, mais l'Esprit vous fait vivre, puisque vous êtes devenus des justes. Et si l'Esprit de celui qui a ressuscité Jésus d'entre les morts habite en vous, celui qui a ressuscité Jésus, le Christ, d'entre les morts donnera aussi la vie à vos corps mortels par son Esprit qui habite en vous.

– Parole du Seigneur.

Acclamation de l'Évangile

Gloire à toi, Seigneur, gloire à toi. Moi, je suis la résurrection et la vie, dit le Seigneur. Celui qui croit en moi ne mourra jamais. ***Gloire à toi, Seigneur, gloire à toi.***

U 77-01 ; T. : AELF ; M. : P. Robert ; ADF-Musique.

Évangile de Jésus Christ selon saint Jean (11, 1-45)

(Lecture brève : Jn 11, 3-7. 17. 20-27. 33b-45)

« Je suis la résurrection et la vie »

En ce temps-là, il y avait quelqu'un de malade, Lazare, de Béthanie, le village de Marie et de Marthe, sa sœur. Or Marie était celle qui répandit du parfum sur le Seigneur et lui essuya les pieds avec ses cheveux. C'était son frère Lazare qui était malade. Donc, les deux sœurs…

Début de la lecture brève

(Lecture brève : **En ce temps-là, Marthe et Marie, les deux sœurs de Lazare,***)…* **envoyèrent dire à Jésus : « Seigneur, celui que tu aimes**

est malade. » En apprenant cela, Jésus dit : « Cette maladie ne conduit pas à la mort, elle est pour la gloire de Dieu, afin que par elle le Fils de Dieu soit glorifié. » Jésus aimait Marthe et sa sœur, ainsi que Lazare. Quand il apprit que celui-ci était malade, il demeura deux jours encore à l'endroit où il se trouvait. Puis, après cela, il dit aux disciples : « Revenons en Judée. »

Interruption de la lecture brève

Les disciples lui dirent : « Rabbi, tout récemment, les Juifs, là-bas, cherchaient à te lapider, et tu y retournes ? » Jésus répondit : « N'y a-t-il pas douze heures dans une journée ? Celui qui marche pendant le jour ne trébuche pas, parce qu'il voit la lumière de ce monde ; mais celui qui marche pendant la nuit trébuche, parce que la lumière n'est pas en lui. » Après ces paroles, il ajouta : « Lazare, notre ami, s'est endormi ; mais je vais aller le tirer de ce sommeil. » Les disciples lui dirent alors : « Seigneur, s'il s'est endormi, il sera sauvé. » Jésus avait parlé de la mort ; eux pensaient qu'il parlait du repos du sommeil. Alors il leur dit ouvertement : « Lazare est mort, et je me réjouis de n'avoir pas été là, à cause de vous, pour que vous croyiez. Mais allons auprès de lui ! » Thomas, appelé Didyme (c'est-à-dire Jumeau), dit aux autres disciples : « Allons-y, nous aussi, pour mourir avec lui ! »

Reprise de la lecture brève

À son arrivée, Jésus trouva Lazare au tombeau depuis quatre jours déjà. *Interruption de la lecture brève*

Comme Béthanie était tout près de Jérusalem – à une distance de quinze stades (c'est-à-dire une demi-heure de marche environ) –, beaucoup de Juifs étaient venus réconforter Marthe et Marie au sujet de leur frère. *Reprise de la lecture brève*

Lorsque Marthe apprit l'arrivée de Jésus, elle partit à sa rencontre, tandis que Marie restait assise à la maison. Marthe dit à Jésus : « Seigneur, si tu avais été ici, mon frère ne serait pas mort. Mais maintenant encore, je le sais, tout ce que tu demanderas à Dieu, Dieu te l'accordera. » Jésus lui dit : « Ton frère ressuscitera. » Marthe reprit : « Je sais qu'il ressuscitera à la résurrection, au dernier jour. »

Jésus lui dit : « Moi, je suis la résurrection et la vie. Celui qui croit en moi, même s'il meurt, vivra ; quiconque vit et croit en moi ne mourra jamais. Crois-tu cela ? » Elle répondit : « Oui, Seigneur, je le crois : tu es le Christ, le Fils de Dieu, tu es celui qui vient dans le monde. » *Interruption de la lecture brève*

Ayant dit cela, elle partit appeler sa sœur Marie, et lui dit tout bas : « Le Maître est là, il t'appelle. » Marie, dès qu'elle l'entendit, se leva rapidement et alla rejoindre Jésus. Il n'était pas encore entré dans le village, mais il se trouvait toujours à l'endroit où Marthe l'avait rencontré. Les Juifs qui étaient à la maison avec Marie et la réconfortaient, la voyant se lever et sortir si vite, la suivirent ; ils pensaient qu'elle allait au tombeau pour y pleurer. Marie arriva à l'endroit où se trouvait Jésus. Dès qu'elle le vit, elle se jeta à ses

pieds et lui dit : « Seigneur, si tu avais été ici, mon frère ne serait pas mort. » Quand il vit qu'elle pleurait, et que les Juifs venus avec elle pleuraient aussi, *Reprise de la lecture brève*

Jésus, en son esprit, fut saisi d'émotion, il fut bouleversé, et il demanda : « Où l'avez-vous déposé ? » Ils lui répondirent : « Seigneur, viens, et vois. » Alors Jésus se mit à pleurer. Les Juifs disaient : « Voyez comme il l'aimait ! » Mais certains d'entre eux dirent : « Lui qui a ouvert les yeux de l'aveugle, ne pouvait-il pas empêcher Lazare de mourir ? »

Jésus, repris par l'émotion, arriva au tombeau. C'était une grotte fermée par une pierre. Jésus dit : « Enlevez la pierre. » Marthe, la sœur du défunt, lui dit : « Seigneur, il sent déjà; c'est le quatrième jour qu'il est là. » Alors Jésus dit à Marthe : « Ne te l'ai-je pas dit ? Si tu crois, tu verras la gloire de Dieu. » On enleva donc la pierre. Alors Jésus leva les yeux au ciel et dit : « Père, je te rends grâce parce que tu m'as exaucé. Je le savais bien, moi, que tu m'exauces toujours; mais je le dis à cause de la foule qui m'entoure, afin qu'ils croient que c'est toi qui m'as envoyé. » Après cela, il cria d'une voix forte : « Lazare, viens dehors ! » Et le mort sortit, les pieds et les mains liés par des bandelettes, le visage enveloppé d'un suaire. Jésus leur dit : « Déliez-le, et laissez-le aller. » Beaucoup de Juifs, qui étaient venus auprès de Marie et avaient donc vu ce que Jésus avait fait, crurent en lui.

Homélie

Profession de foi *(p. 230)*

Suggestion de prière universelle

Le prêtre :

Adressons nos prières à Dieu notre Père. Il promet sa vie à tous ceux qui lui font confiance :

℟ ***Toi qui nous aimes, écoute-nous, Seigneur.***

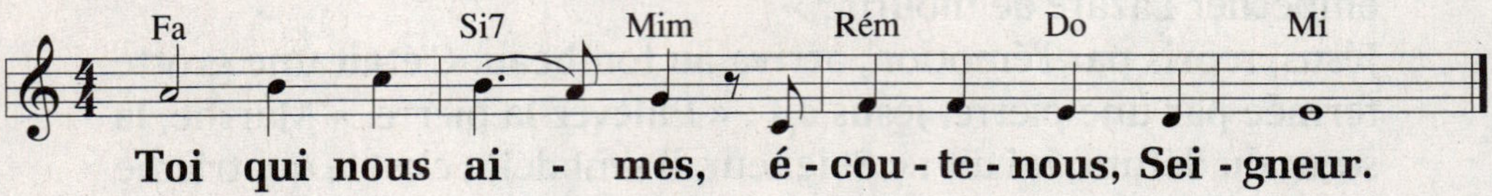

Y 55-4 SM; T. : M. Scouarnec; M. : J. Akepsimas.

Le diacre ou un lecteur :

Seigneur, nous te prions pour les catéchumènes, afin que leur préparation au sacrement porte en eux des fruits de justice et d'amour. ℟

Seigneur, nous te prions pour celles et ceux qui vivent un deuil difficile, afin que l'espérance l'emporte sur l'amertume et le repli. ℟

Seigneur, nous te prions pour toutes les personnes qui mènent un combat intérieur contre le mal, afin qu'elles trouvent la force de dire non à l'attrait de la violence et de l'injustice. ℟

Seigneur, nous te prions pour toutes les personnes qui souffrent de la faim et de la pauvreté à travers le monde, et pour tous les bénévoles du CCFD-Terre solidaire qui les accompagnent et les soutiennent. ℟

(Ces intentions seront adaptées ou modifiées selon les circonstances.)

Le prêtre : Toi qui es bon, Dieu notre Père, accueille favorablement nos prières. Nous te le demandons par Jésus, le Christ, notre Seigneur. **— *Amen.***

LITURGIE EUCHARISTIQUE

Prière sur les offrandes

Exauce-nous, Dieu tout-puissant, et accorde à tes serviteurs, formés par l'enseignement de la foi chrétienne, d'être purifiés par l'action de ce sacrifice. Par le Christ, notre Seigneur. **— *Amen.***

Prière eucharistique *(Préface du 5e dimanche de Carême, année A)*

Vraiment, il est juste et bon, pour ta gloire et notre salut, de t'offrir notre action de grâce, toujours et en tout lieu, Seigneur, Père très saint, Dieu éternel et tout-puissant, par le Christ, notre Seigneur. Lui-même, homme véritable, il a pleuré son ami Lazare ; Dieu éternel, il le releva du tombeau ; ainsi, dans sa compassion pour le genre humain, il nous conduit par les sacrements de Pâques jusqu'à la vie nouvelle. Par lui, les anges adorent ta majesté et se réjouissent en ta présence à jamais. À leur hymne de louange, laisse-nous joindre nos voix, pour chanter et proclamer : ***Saint ! Saint ! Saint…***

Chant de communion *(Suggestions p. 256)*

OU

Antienne de la communion

Quiconque vit et croit en moi ne mourra jamais,
dit le Seigneur.
(Jn 11, 26)

Prière après la communion

Accorde-nous, Dieu tout-puissant, d'être toujours comptés parmi les membres du Christ, nous qui communions à son corps et à son sang. Lui qui… ***— Amen.***

Prière sur le peuple

Seigneur, bénis ton peuple qui attend le bienfait de ta compassion ; accorde-lui, dans ta largesse, de voir exaucés les désirs que toi-même lui inspires. Par le Christ, notre Seigneur. ***— Amen***

RITE DE CONCLUSION

Bénédiction et envoi

COMMENTAIRE DU DIMANCHE

Karem Bustica, rédactrice en chef de *Prions en Église*

La grâce des larmes

Que de larmes dans le passage de l'évangile de ce dimanche ! Même Jésus pleure la disparition de son ami. L'aspect décousu de ce récit nous met sur la voie : il s'agit d'un épisode théologique. C'est-à-dire que ce qui compte d'abord, c'est de découvrir qui est Jésus. La valeur théologique de cette histoire ne minimise pas pour autant les émotions et les détails sensoriels de la mort de Lazare. Par exemple quand le narrateur explique que le défunt est enterré dans un tombeau depuis quatre jours, tout recouvert de bandelettes. Ou quand, parmi les pleurs de la famille, des amis et des voisins, Marthe observe que Lazare sent déjà.

Jésus pleure. Et c'est l'une des rares fois où cela est évoqué dans les évangiles. Les anciens – le pape l'a encore rappelé il y a •••

••• quelques mois – identifient la grâce des larmes. Autrement dit, le don des larmes, comme des lunettes de douleur ou de joie qui nous aident à voir le Seigneur. Des larmes qui lavent nos yeux, qui éclairent notre regard, qui font briller la présence du Seigneur tout proche de nous. Les larmes de Marthe lui donnent de reconnaître en Jésus le Christ, le Fils de Dieu. Les larmes de Marie et de ceux venus l'accompagner leur ouvrent les yeux et suscitent la foi en Jésus.

Et les larmes de Jésus ? Ces larmes confirment Jésus dans sa mission : rendre gloire à son Père, le faire connaître au monde, éveiller l'adhésion de ses contemporains… se confronter à sa propre mort. Et en cela, Jésus s'approche de chacun d'entre nous.

Qu'est-ce qui me touche dans cet épisode du réveil de Lazare ?

Qui est Jésus pour moi ? ■

Prions en Église Junior

LIRE L'ÉVANGILE AVEC LES ENFANTS

CE QUE JE DÉCOUVRE

Marthe et sa famille connaissent Jésus depuis longtemps. Marthe lui a toujours fait confiance. La mort de son frère Lazare ne détruit pas l'espérance qu'elle a mise en Jésus. Elle le croit au plus profond de son cœur : Jésus est le Fils de Dieu. C'est lui qui donne la vie. **Même quand tout semble terminé, fichu et mort, la foi prend le relais.** Ce qui est impossible devient possible. Ayons confiance en Jésus parce que Dieu l'a ressuscité.

CE QUE JE VIS

Comment réagis-tu quand
un de tes proches tombe malade ?
Quelles paroles te réconfortent ?
Ferme les yeux et, comme Marthe, dis :
« Oui, Seigneur, je le crois :
tu es le Christ, le Fils de Dieu. »

Texte : Pierre-Marie Leroy. Illustrations : Marcelino Truong

MÉDITATION BIBLIQUE

5E DIMANCHE DE CARÊME

Évangile selon saint Jean 11, 1-45

Quand tout redevient possible

Après une remarque percutante, Marthe expérimente dans sa relation à Jésus que la confiance est un chemin vers la vie.

Le temps de la préparation

« Vous saurez que Je suis le Seigneur, quand j'ouvrirai vos tombeaux et vous en ferai remonter, ô mon peuple ! » (Ez 37, 13)

Le temps de l'observation

La remarque de Marthe adressée à Jésus est percutante : « Seigneur, si tu avais été ici, mon frère ne serait pas mort. » On perçoit, dans ces paroles, toute l'aigreur et la colère qui sont les nôtres dans le deuil et la perte. Mais qu'est-ce que Marthe reproche à Jésus ? Peut-être pense-t-elle que Jésus aurait pu sauver Lazare avant qu'il décède ou que, étant présent, tout cela ne serait même pas arrivé parce que, en sa présence, la vie est plus simple ? Pourquoi Jésus tolère-t-il que ses amis et les amis de ses amis meurent ? Sa remarque est saturée de reproches, on entend presque sa voix trembler. Marthe s'enfonce. La mort de son frère la plonge, elle, dans les abîmes du doute et de la colère. Elle aussi s'éloigne de la réalité. Jésus lui parle, l'interroge, la reconnecte à l'essentiel, l'oblige par ses questions à sortir d'une spirale qui la tire vers le bas et l'entraîne, elle aussi, loin de ce qui fait vivre.

Le temps de la méditation

La question de Jésus est claire : « Celui qui croit en moi, même s'il meurt, vivra ; quiconque vit et croit en moi ne mourra jamais. Crois-tu cela ? » Cette question ramène Marthe à la surface, la fait remonter à la vie et au présent. Elle se reconnecte à Jésus. « Oui », elle croit que Jésus témoigne de la présence de Dieu dans ce monde. Progressivement, dans la relation à Jésus, elle revient à la confiance, cet état où tout redevient possible. Le retour à la vie de Marthe est un premier pas. Elle expérimente dans son désespoir et pour elle cette force qui touchera Lazare. Elle reprend pied. Elle fait confiance à Jésus comme le Fils fait confiance au Père. Jésus ne réalise pas de miracle. Il remet au centre le fait de croire que ce monde a un sens et que Dieu en est le garant. Nos abîmes, nos tombeaux, nos désespoirs sont des occasions de réentendre que la confiance est le chemin vers la vie.

Le temps de la prière

« J'espère le Seigneur de toute mon âme ; je l'espère, et j'attends sa parole. Mon âme attend le Seigneur plus qu'un veilleur ne guette l'aurore. » (Ps 129, 4-5) ■

Marie-Laure Durand, bibliste

DES IMAGES POUR LA FOI

5E DIMANCHE DE CARÊME

« Lazare, viens dehors ! »

En faisant sortir Lazare de son tombeau, Jésus prépare ses disciples à la Passion et leur montre, déjà, qu'avec lui la mort n'a pas le dernier mot.

À droite de l'image, deux hommes s'affairent pour retirer le lourd couvercle qui maintenait le tombeau fermé tandis qu'à gauche, à la suite de Marthe et Marie, les disciples se pressent derrière Jésus. La densité ou l'agitation de ces groupes contrastent avec l'espace que le peintre a dégagé pour souligner le face à face entre le Christ et Lazare. Avec son visage auréolé, Jésus domine la scène d'une tête. S'il est représenté imberbe (c'est souvent le cas dans les images du premier millénaire), c'est pour souligner la jeunesse éternelle que lui donne la divinité. Le rouleau (*volumen*) qu'il tient en main nous rappelle qu'il est le Verbe, la parole de Dieu incarnée. Jésus se penche avec bienveillance vers Lazare et, joignant le geste à la parole, il l'appelle à la vie : « Viens dehors ! » (Jn 11, 43). Enveloppé dans un linceul, celui qui était mort se tient debout dans son tombeau et ses yeux revenus à la vie se tournent vers Jésus. Alors que du côté des disciples règne la stupéfaction, la jeune femme derrière le Christ (sans doute Marie) a une attitude plus intérieure : comme si elle percevait davantage la portée du signe accompli par le Maître. ■

Dominique Pierre, journaliste

La résurrection de Lazare. Miniature du Codex Aureus d'Echternach (vers 1030), Musée germanique national, Nuremberg (Allemagne).

LUNDI 27 MARS 2023

5E SEMAINE DE CARÊME COULEUR LITURGIQUE : VIOLET

Temps du Carême, *messe de la férie*

Antienne d'ouverture

Pitié, mon Dieu ! Des hommes s'acharnent contre moi ; tout le jour, ils me combattent, ils me harcèlent. (Ps 55, 2)

Prière

Seigneur Dieu, tu nous combles de toute bénédiction par la richesse inexprimable de ta grâce ; fais-nous passer de ce qui ne peut que vieillir à ce qui est nouveau, et nous serons préparés à la gloire du royaume des Cieux. Par Jésus…

— Amen.

Lecture

du livre du prophète Daniel (13, 1-9. 15-17. 19-30. 33-62)

Lecture brève : 13, 41c-62

« Voici que je vais mourir, sans avoir rien fait de tout cela »

En ces jours-là, il y avait un habitant de Babylone qui se nommait Joakim. Il avait épousé une femme nommée Suzanne, fille d'Helkias. Elle était très belle et craignait le Seigneur. Ses parents étaient des justes, et ils avaient élevé leur fille selon la loi de Moïse. Joakim était très riche, et il possédait un jardin auprès de sa maison ; les Juifs affluaient chez lui, car il était le plus illustre d'entre eux. Deux anciens avaient été désignés dans le peuple pour être juges cette année-là ; ils étaient de ceux dont le Seigneur a dit : « Le crime est venu de Babylone par des anciens, par des juges qui prétendaient guider le peuple. » Ils fréquentaient la maison de Joakim, et tous ceux qui avaient des procès venaient les trouver. Lorsque le peuple s'était retiré, vers midi, Suzanne entrait dans le jardin de son mari, et s'y promenait. Les deux anciens la voyaient chaque jour entrer et se promener, et ils se mirent à la désirer : ils pervertirent leur pensée, ils détournèrent leurs yeux pour ne plus regarder vers le ciel et ne plus se rappeler ses justes décrets. Ils guettaient le jour favorable, lorsque Suzanne entra, comme la veille et l'avant-veille, accompagnée seulement de deux jeunes filles ; il faisait très chaud, et elle eut envie de prendre un bain dans le jardin. Il n'y avait personne, en dehors des deux anciens qui s'étaient cachés et qui l'épiaient. Suzanne dit aux jeunes filles : « Apportez-moi de quoi me parfumer et me laver, puis fermez les portes du jardin, pour que je puisse prendre mon bain. »

Dès que les jeunes filles furent sorties, les deux anciens surgirent, coururent vers Suzanne et lui dirent : « Les portes du jardin sont fermées, on ne nous voit pas ; nous te désirons, sois consentante et viens avec nous. Autrement nous porterons contre toi ce témoignage : il y avait un jeune homme avec toi, et c'est pour cela que tu as renvoyé les jeunes filles. » Suzanne dit en gémissant : « De tous côtés, je suis prise au piège : si je vous cède, c'est la mort pour moi ; et si je refuse de céder, je n'échapperai pas à vos mains. Mieux vaut pour moi tomber entre vos mains sans vous céder, plutôt que de pécher aux yeux du Seigneur. » Alors Suzanne poussa un grand cri, et les deux anciens se mirent à crier contre elle. L'un d'eux courut ouvrir les portes du jardin. Les gens de la maison, entendant crier dans le jardin, se précipitèrent par la porte de service pour voir ce qui arrivait à Suzanne. Quand les anciens eurent raconté leur histoire, les serviteurs furent remplis de honte, car jamais on n'avait dit pareille chose de Suzanne.

Le lendemain, le peuple se rassembla chez Joakim son mari. Les deux anciens arrivèrent, remplis de pensées criminelles contre Suzanne, et décidés à la faire mourir. Ils dirent devant le peuple : « Envoyez chercher Suzanne, fille d'Helkias, épouse de Joakim. » On l'envoya chercher. Elle se présenta avec ses parents, ses enfants et tous ses proches. Tous les siens pleuraient, ainsi que tous ceux qui la voyaient. Les deux anciens se levèrent au milieu du peuple, et posèrent les mains sur sa tête. Tout en pleurs, elle leva les yeux vers le ciel, car son cœur était plein de confiance dans le Seigneur. Les anciens déclarèrent : « Comme nous nous promenions seuls dans le jardin, cette femme y est entrée avec deux servantes. Elle a fermé les portes et renvoyé les servantes. Alors un jeune homme qui était caché est venu vers elle, et a couché avec elle. Nous étions dans un coin du jardin, nous avons vu le crime, et nous avons couru vers eux. Nous les avons vus s'unir, mais nous n'avons pas pu nous emparer du jeune homme, car il était plus fort que nous : il a ouvert la porte et il s'est échappé. Mais elle, nous l'avons saisie, et nous lui avons demandé qui était ce jeune homme ; elle n'a pas voulu nous le dire. De tout cela. nous sommes témoins. » L'assemblée les crut, car c'étaient des anciens du peuple et des juges, et Suzanne fut condamnée* à mort.

Début de la lecture brève ———

(Lecture brève : En ces jours-là, le peuple venait de condamner à mort Suzanne.*)* Alors elle cria d'une voix forte : « Dieu éternel, toi qui pénètres les secrets, toi qui connais toutes choses avant qu'elles n'arrivent, tu sais qu'ils ont porté contre moi un faux témoignage. Voici que je vais mourir, sans avoir rien fait de tout ce que leur méchanceté a imaginé contre moi. »

Le Seigneur entendit sa voix. Comme on la conduisait à la mort, Dieu éveilla l'esprit de sainteté chez un tout jeune garçon nommé Daniel, qui se mit à crier d'une voix forte : « Je suis innocent de la mort de cette femme ! » Tout le peuple se tourna vers lui et on lui demanda : « Que signifie cette parole que tu as prononcée ? » Alors, debout au milieu du peuple, il leur dit : « Fils d'Israël, vous êtes donc fous ? Sans interrogatoire, sans recherche de la vérité, vous avez condamné une fille d'Israël. Revenez au tribunal, car ces gens-là ont porté contre elle un faux témoignage. »

Tout le peuple revint donc en hâte, et le collège des anciens dit à Daniel : « Viens siéger au milieu de nous et donne-nous des explications, car Dieu a déjà fait de toi un ancien. » Et Daniel leur dit : « Séparez-les bien l'un de l'autre, je vais les interroger. »

Quand on les eut séparés, Daniel appela le premier et lui dit : « Toi qui as vieilli dans le mal, tu portes maintenant le poids des péchés que tu as commis autrefois en jugeant injustement : tu condamnais les innocents et tu acquittais les coupables, alors que le Seigneur a dit : "Tu ne feras pas mourir l'innocent et le juste." Eh bien ! si réellement tu as vu cette femme, dis-nous sous quel arbre tu les as vus se donner l'un à l'autre ? » Il répondit : « Sous un sycomore. »

Daniel dit : « Voilà justement un mensonge qui te condamne : l'ange de Dieu a reçu un ordre de Dieu, et il va te mettre à mort. » Daniel le renvoya, fit amener l'autre et lui dit : « Tu es de la race de Canaan et non de Juda ! La beauté t'a dévoyé et le désir a perverti ton cœur. C'est ainsi que vous traitiez les filles d'Israël, et, par crainte, elles se donnaient à vous. Mais une fille de Juda n'a pu consentir à votre crime. Dis-moi donc sous quel arbre tu les as vus se donner l'un à l'autre ? » Il répondit : « Sous un châtaignier. » Daniel lui dit : « Toi aussi, voilà justement un mensonge qui te condamne : l'ange de Dieu attend, l'épée à la main, pour te châtier, et vous faire exterminer. » Alors toute l'assemblée poussa une grande clameur et bénit Dieu qui sauve ceux qui espèrent en lui. Puis elle se retourna contre les deux anciens que Daniel avait convaincus de faux témoignage par leur propre bouche. Conformément à la loi de Moïse, on leur fit subir la peine que leur méchanceté avait imaginée contre leur prochain : on les mit à mort. Et ce jour-là, une vie innocente fut épargnée.

– Parole du Seigneur.

Psaume 22 (23)

℟ ***Si je traverse les ravins de la mort,***
je ne crains aucun mal, car tu es avec moi, Seigneur.

Le Seigneur est mon berger :
je ne manque de rien.
Sur des prés d'herbe fraîche,
il me fait reposer. ℟

Il me mène vers les eaux tranquilles
et me fait revivre ;
il me conduit par le juste chemin
pour l'honneur de son nom. ℟

Si je traverse les ravins de la mort,
je ne crains aucun mal,
car tu es avec moi :
ton bâton me guide et me rassure. ℟

Tu prépares la table pour moi
devant mes ennemis ;
tu répands le parfum sur ma tête,
ma coupe est débordante. ℟

Grâce et bonheur m'accompagnent
tous les jours de ma vie ;
j'habiterai la maison du Seigneur
pour la durée de mes jours. ℟

Acclamation de l'Évangile

Ta parole, Seigneur, est vérité, et ta loi, délivrance. Je ne prends pas plaisir à la mort du méchant, dit le Seigneur. Qu'il se détourne de sa conduite, et qu'il vive ! ***Ta parole, Seigneur, est vérité, et ta loi, délivrance.***

Évangile de Jésus Christ

selon saint Jean (8, 1-11)

« Celui d'entre vous qui est sans péché, qu'il soit le premier à lui jeter une pierre »

En ce temps-là, Jésus s'en alla au mont des Oliviers. Dès l'aurore, il retourna au Temple. Comme tout le peuple venait à lui, il s'assit et se mit à enseigner. Les scribes et les pharisiens lui amènent une femme qu'on avait surprise en situation d'adultère. Ils la mettent au milieu, et disent à Jésus : « Maître, cette femme a été surprise en flagrant délit d'adultère. Or, dans la Loi, Moïse nous a ordonné de lapider ces femmes-là. Et toi, que dis-tu ? » Ils parlaient ainsi pour le mettre à l'épreuve, afin de pouvoir l'accuser. Mais Jésus s'était baissé et, du doigt, il écrivait sur la terre. Comme on persistait à l'interroger, il se redressa et leur dit : « Celui d'entre vous qui est sans péché, qu'il soit le premier à lui jeter une pierre. » Il se baissa de nouveau et il écrivait sur la terre. Eux, après avoir entendu cela, s'en allaient un par un, en commençant par les plus âgés. Jésus resta seul avec la femme toujours là au milieu. Il se redressa et lui demanda : « Femme, où sont-ils donc ? Personne ne t'a condamnée* ? » Elle répondit : « Personne, Seigneur. » Et Jésus lui dit : « Moi non plus, je ne te condamne pas. Va, et désormais ne pèche plus. »

Prière sur les offrandes

Au moment de célébrer les saints mystères, accorde-nous, Seigneur, comme un fruit de notre pénitence corporelle, la grâce de paraître devant toi avec un cœur purifié. Par le Christ, notre Seigneur. ***— Amen.***

Prière eucharistique

(1re préface de la Passion)

Vraiment, il est juste et bon, pour ta gloire et notre salut, de t'offrir notre action de grâce, toujours et en tout lieu, Seigneur, Père très saint, Dieu éternel et tout-puissant. Oui, l'univers entier, sauvé par la passion de ton Fils, peut désormais proclamer ta grandeur : par la puissance incomparable de la Croix, apparaît en pleine lumière le jugement du monde, la victoire du Crucifié. C'est pourquoi, avec les anges et tous les saints, nous te louons, Seigneur, et nous exultons de joie en proclamant : ***Saint ! Saint ! Saint…***

Antienne de la communion

Femme, dit Jésus,
personne ne t'a condamnée ?
– Personne, Seigneur.
– Moi non plus, je ne te condamne pas. Va, et désormais ne pèche plus.
(cf. Jn 8, 10-11)

Prière après la communion

Fortifiés par la bénédiction de tes sacrements, nous te prions, Seigneur : qu'ils nous purifient de nos penchants mauvais, et nous aident à progresser rapidement vers toi en suivant le Christ. Lui qui… ***– Amen.***

Prière sur le peuple

Le prêtre peut dire la prière suivante :

Seigneur, nous t'en prions : libère de ses péchés ton peuple qui te supplie, fais que rien ne l'accable puisqu'il mène désormais une vie de sainteté. Par le Christ, notre Seigneur. ***– Amen.***

INVITATION

Et si je vivais le sacrement de réconciliation avant la Semaine sainte ?

COMMENTAIRE

Un silence parlant Jean 8, 1-11

« Jésus s'en alla au mont des Oliviers » et passa certainement la nuit à prier puisque, dès l'aurore, il retourna au Temple. Là, on veut qu'il condamne une femme pour adultère, mais il commence par se taire. Le silence de sa prière résonne encore. Puis il renvoie chacun à son cœur en péché. Les voilà seul à seule et personne pour condamner. Le Père, qui voit dans le secret, fait résonner sa miséricorde jusqu'à nous : « Va, et désormais ne pèche plus. » ■

***Nicolas Tarralle**, prêtre assomptionniste*

❊ CLÉ DE LECTURE

« Condamnée » Daniel, 13, 41 ; Jean 8, 10 *(pp. 200 et 204)*

Deux femmes sous le même chef d'accusation, qui risquent le même sort atroce aux termes de la Loi. Mais l'une, Suzanne, innocente, est sauvée de ses accusateurs pervers par l'intelligence et la sagesse du jeune Daniel. Elle est alors exaltée comme le modèle de la femme chaste et fidèle à son engagement. L'autre, la femme adultère, prise en flagrant délit, tombe sous le coup de la Loi. Nul ne l'innocente. Mais Jésus, sans prendre directement sa défense, s'abaisse devant elle jusqu'à terre, et rappelle à chacun combien la Loi, lorsqu'elle tue, devient mortifère pour tous : qui est sans péché ? Seul un regard de bienveillance et de miséricorde peut remettre la femme sur la voie de la vie. Jésus n'exige rien. Qu'elle trace désormais son propre chemin ! ■

***Roselyne Dupont-Roc**, bibliste*

MARDI 28 MARS 2023

5E SEMAINE DE CARÊME COULEUR LITURGIQUE : VIOLET

Temps du Carême, *messe de la férie*

Antienne d'ouverture

Attends le Seigneur,
sois fort et prends courage,
espère dans le Seigneur. (cf. Ps 26, 14)

Prière

Seigneur, accorde-nous de persévérer dans l'attachement à ta volonté, afin qu'au long des jours, le peuple qui te sert augmente en nombre et grandisse en sainteté. Par Jésus… ***– Amen.***

Lecture

du livre des Nombres (21, 4-9)

« Tous ceux qui auront été mordus, qu'ils regardent le serpent, alors ils vivront ! »

En ces jours-là, les Hébreux quittèrent Hor-la-Montagne par la route de la mer des Roseaux en contournant le pays d'Édom. Mais en chemin, le peuple perdit courage. Il récrimina contre Dieu et contre Moïse : « Pourquoi nous avoir fait monter d'Égypte ? Était-ce pour nous faire mourir dans le désert, où il n'y a ni pain ni eau ? Nous sommes dégoûtés de cette nourriture misérable ! » Alors le Seigneur envoya contre le peuple des serpents à la morsure brûlante, et beaucoup en moururent

dans le peuple d'Israël. Le peuple vint vers Moïse et dit : « Nous avons péché, en récriminant contre le Seigneur et contre toi. Intercède auprès du Seigneur pour qu'il éloigne de nous les serpents. » Moïse intercéda pour le peuple, et le Seigneur dit à Moïse : « Fais-toi un serpent brûlant, et dresse-le au sommet d'un mât : tous ceux qui auront été mordus, qu'ils le regardent, alors ils vivront ! » Moïse fit un serpent de bronze et le dressa au sommet du mât. Quand un homme était mordu par un serpent, et qu'il regardait vers le serpent de bronze, il restait en vie ! – Parole du Seigneur.

Psaume 101 (102)

℟ ***Seigneur, entends ma prière : que mon cri parvienne jusqu'à toi !***

Seigneur, entends ma prière :
que mon cri parvienne jusqu'à toi !
Ne me cache pas ton visage
le jour où je suis en détresse !
Le jour où j'appelle, écoute-moi ;
viens vite, réponds-moi ! ℟

Les nations craindront le nom du Seigneur,
et tous les rois de la terre, sa gloire :
quand le Seigneur rebâtira Sion,
quand il apparaîtra dans sa gloire,
il se tournera vers la prière du spolié,
il n'aura pas méprisé sa prière. ℟

Que cela soit écrit pour l'âge à venir,
et le peuple à nouveau créé
chantera son Dieu :
« Des hauteurs, son sanctuaire,
le Seigneur s'est penché ;
du ciel, il regarde la terre
pour entendre la plainte des captifs
et libérer ceux qui devaient mourir. » ℟

Acclamation de l'Évangile

Gloire et louange à toi, Seigneur Jésus ! Fils de l'homme, élevé sur la croix, tu attires à toi tous les hommes. ***Gloire et louange à toi, Seigneur Jésus !***

Évangile de Jésus Christ

selon saint Jean (8, 21-30)

« Quand vous aurez élevé le Fils de l'homme, alors vous comprendrez que moi, Je suis »

En ce temps-là, Jésus disait aux pharisiens : « Je m'en vais ; vous me chercherez, et vous mourrez dans votre péché. Là où moi je vais, vous ne pouvez pas aller. » Les Juifs disaient : « Veut-il donc se donner la mort, puisqu'il dit : "Là où moi je vais, vous ne pouvez pas aller" ? »
Il leur répondit : « Vous, vous êtes d'en bas ; moi, je suis d'en haut. Vous, vous êtes de ce monde ; moi, je ne suis pas de ce monde. C'est pourquoi je vous ai dit que vous mourrez dans vos péchés. En effet, si vous ne croyez pas que moi, Je suis, vous mourrez dans vos péchés. » Alors, ils lui demandaient : « Toi, qui es-tu ? » Jésus leur répondit : « Je n'ai pas cessé de vous le dire. À votre sujet, j'ai beaucoup à dire et à juger. D'ailleurs Celui qui m'a envoyé dit la vérité, et ce que j'ai entendu de lui, je le dis pour le monde. » Ils ne comprirent pas qu'il leur parlait du Père. Jésus leur déclara : « Quand vous aurez élevé le Fils de l'homme, alors vous comprendrez* que moi, Je suis, et que je ne fais rien de moi-même ; ce que je dis là, je le dis comme le Père me l'a enseigné. Celui qui m'a envoyé est avec moi ; il ne m'a pas laissé seul, parce que je fais toujours ce qui lui est agréable. » Sur ces paroles de Jésus, beaucoup crurent en lui.

Prière sur les offrandes
Nous t'offrons, Seigneur, le sacrifice de réconciliation : dans ta miséricorde, pardonne nos fautes et dirige toi-même nos cœurs indécis. Par le Christ, notre Seigneur. **— *Amen.***

1re préface de la Passion, p. 205.

Antienne de la communion
Quand j'aurai été élevé de terre,
dit le Seigneur, j'attirerai à moi
tous les hommes.
(Jn 12, 32)

Prière après la communion
Accorde-nous, Dieu tout-puissant, de rechercher assidûment ce qui vient de toi, afin de progresser de jour en jour vers les biens du ciel. Par le Christ, notre Seigneur. **— *Amen.***

Prière sur le peuple
Le prêtre peut dire la prière suivante :
À ceux qui espèrent en toi, Seigneur Dieu, tu préfères montrer ta pitié plutôt que ta colère ; donne à tes fidèles de pleurer comme il convient le mal qu'ils ont fait, afin qu'ils méritent d'obtenir la grâce de ta consolation. Par le Christ, notre Seigneur. **— *Amen.***

INVITATION
Et si je notais ou calligraphiais sur des petits signets une phrase de l'évangile ou du psaume pour l'offrir à quelqu'un ?

COMMENTAIRE

Il est Nombres 21, 4-9 ; Jean 8, 21-30

« Je suis » est le nom que Dieu a révélé à Moïse dans un buisson ardent (Ex 3, 14). Il voit la misère de son peuple, il le libère de l'oppression, il le guérit de la morsure du péché : le serpent de bronze en témoigne. Jésus est « Je suis » en nous révélant que Dieu est Père. Il ouvre un chemin pour tous les hommes, il les libère définitivement de la mort, il leur pardonne leurs péchés. Puisse la contemplation de la Croix augmenter en nous la foi. ■

***Nicolas Tarralle**, prêtre assomptionniste*

❊ CLÉ DE LECTURE

« Alors vous comprendrez » Jean 8, 28 (*p. 209*)

Celui qui est un peu familier des lettres de Paul sera frappé par la convergence de sa « parole de la Croix » avec l'évangile de Jean. Jésus, ici, espère que ceux qui refusent de le reconnaître comprendront qui il est et d'où il vient lorsqu'ils l'auront « élevé ». Le verbe renvoie à la fois au serpent de bronze de Moïse et à l'élévation sur la Croix. Jésus, chez Jean, est élevé du même mouvement sur la Croix et dans la gloire où il rejoint le Père. Paul, dans la lettre aux Corinthiens, relève la même incapacité à comprendre la Croix par ceux qui y ont condamné Jésus : « La sagesse du mystère de Dieu, [...] s'ils l'avaient connue, ils n'auraient pas crucifié le Seigneur de gloire » (1 Co 2, 7-8). La foi seule peut reconnaître en Jésus élevé sur la Croix l'envoyé du Père, dont il reflète et révèle le visage. ■

***Roselyne Dupont-Roc**, bibliste*

MERCREDI 29 MARS 2023

5E SEMAINE DE CARÊME COULEUR LITURGIQUE : VIOLET

Temps du Carême, *messe de la férie*

Antienne d'ouverture

Toi qui me délivres des peuples en colère,
tu me feras triompher de mes agresseurs,
tu m'arracheras à la violence
de l'homme, Seigneur. (cf. Ps 17, 49)

Prière

Dieu de miséricorde, éclaire le cœur de tes enfants, sanctifiés par la pénitence ; toi qui nous as donné le goût de te servir, écoute avec une grande bienveillance ceux qui te supplient. Par Jésus… ***— Amen.***

Lecture

du livre du prophète Daniel (3, 14-20. 91-92. 95)

« Dieu a envoyé son ange et délivré ses serviteurs ! »

En ces jours-là, le roi Nabucodonosor parla ainsi : « Est-il vrai, Sidrac, Misac et Abdénago, que vous refusez de servir mes dieux et d'adorer la statue d'or que j'ai fait ériger ? Êtes-vous prêts, maintenant, à vous prosterner pour adorer la statue que j'ai faite, quand vous entendrez le son du cor, de la flûte, de la cithare, de la harpe, de la lyre, de la cornemuse et de toutes les sortes d'instruments ? Si vous n'adorez pas cette statue, vous serez immédiatement jetés dans la fournaise de feu ardent ; et quel est le dieu qui vous délivrera de ma main ? » Sidrac, Misac et Abdénago dirent au roi Nabucodonosor : « Ce n'est pas à nous de te répondre. Si notre Dieu, que nous servons, peut nous délivrer, il nous délivrera de la fournaise de feu ardent et de ta main, ô roi. Et même s'il ne le fait pas, sois-en bien sûr, ô roi : nous ne servirons pas tes dieux, nous n'adorerons pas la statue d'or que tu as érigée. »

Alors Nabucodonosor fut rempli de fureur contre Sidrac, Misac et Abdénago, et son visage s'altéra. Il ordonna de chauffer la fournaise sept fois plus qu'à l'ordinaire. Puis il ordonna aux plus vigoureux de ses soldats de ligoter Sidrac, Misac et Abdénago et de les jeter dans la fournaise de feu ardent. Le roi Nabucodonosor les entendit chanter. Stupéfait, il se leva précipitamment et dit à ses conseillers : « Nous avons bien jeté trois hommes, ligotés, au milieu du feu ? » Ils répondirent : « Assurément, ô roi. » Il reprit : « Eh bien moi, je vois quatre hommes qui se promènent librement au milieu du feu, ils sont parfaitement indemnes, et le quatrième ressemble à un être divin. »

Et Nabucodonosor s'écria : « Béni soit le Dieu de Sidrac, Misac et Abdénago, qui a envoyé son ange et délivré ses serviteurs ! Ils ont mis leur confiance en lui, et ils ont désobéi à l'ordre du roi ; ils ont livré leur corps plutôt que de servir et d'adorer un autre dieu que leur Dieu. »

– Parole du Seigneur.

Cantique de Daniel 3, 52, 53, 54, 55, 56

℟ ***À toi, louange et gloire éternellement !***

Béni sois-tu, Seigneur, Dieu de nos pères : ℟
Béni soit le nom très saint de ta gloire : ℟
Béni sois-tu dans ton saint temple
de gloire : ℟

Béni sois-tu sur le trône de ton règne : ℟
Béni sois-tu, toi qui sondes les abîmes : ℟
Toi qui sièges au-dessus des Kéroubim : ℟
Béni sois-tu au firmament, dans le ciel : ℟

Acclamation de l'Évangile

Ta parole, Seigneur, est vérité, et ta loi, délivrance. Heureux ceux qui ont entendu la Parole dans un cœur bon et généreux, qui la retiennent et portent du fruit par leur persévérance. ***Ta parole, Seigneur, est vérité, et ta loi, délivrance.***

Évangile de Jésus Christ

selon saint Jean (8, 31-42)

« Si le Fils vous rend libres, réellement vous serez libres »

En ce temps-là, Jésus disait à ceux des Juifs qui croyaient en lui : « Si vous demeurez fidèles à ma parole, vous êtes vraiment mes disciples ; alors vous connaîtrez la vérité, et la vérité vous rendra libres. » Ils lui répliquèrent : « Nous sommes la descendance d'Abraham, et nous n'avons jamais été les esclaves de personne. Comment peux-tu dire : "Vous deviendrez libres" ? » Jésus leur répondit : « Amen, amen, je vous le dis : qui commet le péché est esclave du péché. L'esclave ne demeure pas pour toujours dans la maison ; le fils, lui, y demeure pour toujours. Si donc

le Fils vous rend libres, réellement vous serez libres. Je sais bien que vous êtes la descendance d'Abraham, et pourtant vous cherchez à me tuer, parce que ma parole ne trouve pas sa place en vous. Je dis ce que moi, j'ai vu auprès de mon Père, et vous aussi, vous faites ce que vous avez entendu chez votre père. »
Ils lui répliquèrent : « Notre père, c'est Abraham. » Jésus leur dit : « Si vous étiez les enfants d'Abraham, vous feriez les œuvres d'Abraham. Mais maintenant, vous cherchez à me tuer, moi, un homme qui vous ai dit la vérité que j'ai entendue de Dieu. Cela, Abraham ne l'a pas fait. Vous, vous faites les œuvres de votre père. »
Ils lui dirent : « Nous ne sommes pas nés de la prostitution ! Nous n'avons qu'un seul Père : c'est Dieu. » Jésus leur dit : « Si Dieu était votre Père, vous m'aimeriez, car moi, c'est de Dieu que je suis sorti et que je viens. Je ne suis pas venu de moi-même ; c'est lui qui m'a envoyé. »

Prière sur les offrandes

Accepte en sacrifice, Seigneur, les présents que nous voulons te consacrer : tu nous les as donnés pour qu'ils soient offerts à la gloire de ton nom, et servent ainsi à nous guérir. Par le Christ, notre Seigneur. **— *Amen.***

1re préface de la Passion, p. 205.

Antienne de la communion

Dieu nous a placés
dans le royaume de son Fils
bien-aimé : en lui, par son sang,
nous avons la rédemption,
le pardon de nos péchés.
(cf. Col 1, 13-14)

Prière après la communion

Que cette communion à tes mystères, Seigneur, nous procure la guérison que toi seul peux donner : qu'elle arrache de nos cœurs jusqu'aux racines du mal, qu'elle nous protège et nous fortifie à jamais. Par le Christ, notre Seigneur. ***— Amen.***

Prière sur le peuple

Le prêtre peut dire la prière suivante :

Dieu tout-puissant, montre-toi proche de ton peuple qui te supplie ; et puisque tu lui permets d'espérer avec confiance en ta tendresse, donne-lui, dans ta bonté, de goûter le fruit de ta constante miséricorde. Par le Christ, notre Seigneur. ***— Amen.***

INVITATION

« Que ta volonté soit faite. » Comment cette parole résonne-t-elle en moi ?

COMMENTAIRE

Esprits libres

Daniel 3, 14-20. 91-92. 95

Sidrac, Misac et Abdénago, devant la menace de Nabucodonosor, sont lumineux : « Nous ne servirons pas tes dieux », même si le nôtre ne nous délivre pas ! Leur foi est enracinée dans une fidélité à toute épreuve. Ce qu'il veut, Dieu le peut, mais ce n'est pas à nous d'en décider. Notre foi agit dans ce consentement. Elle nous permet de traverser les épreuves d'un cœur libre et léger en présence de Dieu. D'autres pourront alors témoigner de cette présence. ■

***Nicolas Tarralle**, prêtre assomptionniste*

JEUDI 30 MARS 2023

5E SEMAINE DE CARÊME COULEUR LITURGIQUE : VIOLET

Temps du Carême, *messe de la férie*

Antienne d'ouverture

Le Christ est le médiateur d'une alliance nouvelle,
d'un testament nouveau, puisque, par sa mort,
ceux qui sont appelés peuvent recevoir
l'héritage éternel. (cf. He 9, 15)

Prière

Sois attentif à nos appels, Seigneur, et, dans ta bonté, protège ceux qui mettent leur espérance en ta miséricorde, afin que, purifiés de leurs péchés, ils persévèrent dans une vie de sainteté et deviennent les héritiers de ta promesse. Par Jésus… ***— Amen.***

Lecture

du livre de la Genèse (17, 3-9)

« Tu deviendras le père d'une multitude de nations »

En ces jours-là, Abram tomba face contre terre et Dieu lui parla ainsi : « Moi, voici l'alliance que je fais avec toi : tu deviendras le père d'une multitude de nations. Tu ne seras plus appelé du nom d'Abram, ton nom sera Abraham, car je fais de toi le père d'une multitude de nations. Je te ferai porter des fruits à l'infini, de toi je ferai des nations, et des

rois sortiront de toi. J'établirai mon alliance entre moi et toi, et après toi avec ta descendance, de génération en génération ; ce sera une alliance éternelle* ; ainsi je serai ton Dieu et le Dieu de ta descendance après toi. À toi et à ta descendance après toi je donnerai le pays où tu résides, tout le pays de Canaan en propriété perpétuelle, et je serai leur Dieu. » Dieu dit à Abraham : « Toi, tu observeras mon alliance, toi et ta descendance après toi, de génération en génération. »
– Parole du Seigneur.

Psaume 104 (105)

℟ ***Le Seigneur s'est toujours souvenu de son alliance.***

Cherchez le Seigneur et sa puissance,
recherchez sans trêve sa face ;
souvenez-vous des merveilles qu'il a faites,
de ses prodiges, des jugements
qu'il prononça. ℟

Vous, la race d'Abraham son serviteur,
les fils de Jacob, qu'il a choisis.

Le Seigneur, c'est lui notre Dieu :
ses jugements font loi pour l'univers. ℟

Il s'est toujours souvenu
de son alliance,
parole édictée pour mille générations :
promesse faite à Abraham,
garantie par serment à Isaac. ℟

Acclamation de l'Évangile

Tes paroles, Seigneur, sont esprit et elles sont vie. Aujourd'hui, ne fermez pas votre cœur, mais écoutez la voix du Seigneur. ***Tes paroles, Seigneur, sont esprit et elles sont vie.***

Évangile de Jésus Christ

selon saint Jean (8, 51-59)

« Abraham votre père a exulté, sachant qu'il verrait mon Jour »

En ce temps-là, Jésus disait aux Juifs : « Amen, amen, je vous le dis : si quelqu'un garde ma parole, jamais il ne verra la mort. » Les Juifs lui dirent : « Maintenant nous savons bien que tu as un démon. Abraham est mort, les prophètes aussi, et toi, tu dis : "Si quelqu'un garde ma parole, il ne connaîtra jamais la mort." Es-tu donc plus grand que notre père Abraham ? Il est mort, et les prophètes aussi sont morts. Pour qui te prends-tu ? » Jésus répondit : « Si je me glorifie moi-même, ma gloire n'est rien ; c'est mon Père qui me glorifie, lui dont vous dites : "Il est notre Dieu", alors que vous ne le connaissez pas. Moi, je le connais et, si je dis que je ne le connais pas, je serai comme vous, un menteur. Mais je le connais, et sa parole, je la garde. Abraham votre père a exulté, sachant qu'il verrait mon Jour. Il l'a vu, et il s'est réjoui. » Les Juifs lui dirent alors : « Toi qui n'as pas encore cinquante ans, tu as vu Abraham ! » Jésus leur répondit : « Amen, amen, je vous le dis : avant qu'Abraham fût, moi, Je suis. » Alors ils ramassèrent des pierres pour les lui jeter. Mais Jésus, en se cachant, sortit du Temple.

Prière sur les offrandes

Regarde favorablement, Seigneur, le sacrifice que nous te présentons : qu'il serve à notre conversion et au salut du monde entier. Par le Christ, notre Seigneur
— *Amen.*

1re préface de la Passion, p. 205.

Antienne de la communion

Dieu n'a pas épargné son propre Fils,
mais il l'a livré pour nous tous :
avec lui, il nous a tout donné.
(cf. Rm 8, 32)

Prière après la communion

Tu nous as rassasiés, Seigneur, par ce don qui nous sauve, et nous implorons ta miséricorde : par ce même sacrement qui nous fortifie en cette vie, rends-nous participants de la vie éternelle. Par le Christ, notre Seigneur

— *Amen.*

Prière sur le peuple

Le prêtre peut dire la prière suivante :

Sois favorable à ton peuple, Seigneur, nous t'en prions, afin que, rejetant jour après jour ce qui te déplaît, il préfère trouver toute sa joie dans tes commandements. Par le Christ, notre Seigneur.

— *Amen.*

INVITATION

Et si repérais dans l'évangile de Matthieu, lu cette année, des citations de l'Ancien Testament pour comprendre comment elles parlent du Christ ?

COMMENTAIRE

Une alliance en or Genèse 17, 3-9

L'alliance vient de Dieu et elle passe par Abraham. C'est Dieu qui en a l'initiative et qui la « fait », c'est lui qui parle : « Alliance entre moi et toi. » Dans l'asymétrie la plus profonde, il instaure un vis-à-vis. Et de cette relation, qui façonne un nouveau nom, jaillit la vie : « multitude de nations », « fruits à l'infini », « alliance éternelle », « propriété perpétuelle ». Accueillons Dieu en vis-à-vis, qui nous traverse et nous féconde. ■

***Nicolas Tarralle**, prêtre assomptionniste*

❊ CLÉ DE LECTURE

« Alliance éternelle » Genèse 17, 7 *(p. 218)*

Nous unifions à tort sous le terme « alliance » l'immense dessein de Dieu pour l'humanité, alors que l'alliance dans sa richesse ne peut être dite que diversement. Le texte du chapitre 17 de la Genèse fonde l'alliance éternelle offerte par Dieu à Abraham et scellée dans sa chair par la circoncision. Dieu est le Dieu sûr, qui ne revient pas sur ses promesses. Mais d'autres courants juifs insistent sur l'infidélité de l'être humain qui rompt si facilement l'alliance. Et les grands prophètes en désespèrent, tout en affirmant que Dieu qui reste fidèle va redonner aux hommes un cœur nouveau, un cœur entièrement habité par son propre Esprit. De toujours à toujours, Dieu préparait en son Fils Jésus cette alliance nouvelle, une transformation du cœur inaugurée en Abraham. ■

***Roselyne Dupont-Roc**, bibliste*

VENDREDI 31 MARS 2023

5e SEMAINE DE CARÊME COULEUR LITURGIQUE : VIOLET

Temps du Carême, *messe de la férie*

Antienne d'ouverture

Prends pitié de moi, Seigneur, je suis en détresse. Délivre-moi des mains hostiles qui s'acharnent. Seigneur, garde-moi d'être humilié, moi qui t'appelle. (Ps 30, 10. 16. 18)

Prière

Pardonne, Seigneur, les fautes de ton peuple : puisque notre faiblesse nous a rendus captifs des liens du péché, que ta tendresse nous en délivre. Par Jésus… ***— Amen.***

OU

Seigneur Dieu, dans ta bonté, tu donnes maintenant à ton Église d'imiter avec amour la bienheureuse Marie quand elle contemplait la passion du Christ ; nous t'en prions, accorde-nous, par l'intercession de la Vierge, de nous attacher toujours plus fermement à ton Fils unique et de parvenir enfin à la plénitude de sa grâce. Lui qui… ***— Amen.***

Lecture

du livre du prophète Jérémie (20, 10-13)

« Le Seigneur est avec moi, tel un guerrier redoutable »

Moi, Jérémie, j'entends les calomnies de la foule : « Dénoncez-le ! Allons le dénoncer, celui-là, l'Épouvante-de-tous-côtés. » Tous mes amis

guettent mes faux pas, ils disent : « Peut-être se laissera-t-il séduire… Nous réussirons, et nous prendrons sur lui notre revanche ! » Mais le Seigneur est avec moi, tel un guerrier redoutable : mes persécuteurs trébucheront, ils ne réussiront pas. Leur défaite les couvrira de honte, d'une confusion éternelle, inoubliable. Seigneur de l'univers, toi qui scrutes l'homme juste, toi qui vois les reins et les cœurs, fais-moi voir la revanche que tu leur infligeras, car c'est à toi que j'ai remis ma cause. Chantez le Seigneur, louez le Seigneur : il a délivré le malheureux de la main des méchants.

– Parole du Seigneur.

Psaume 17 (18)

℟ ***Dans mon angoisse, j'appelai le Seigneur ; il entend ma voix.***

Je t'aime, Seigneur, ma force :
Seigneur, mon roc, ma forteresse,
Dieu mon libérateur, le rocher qui m'abrite,
mon bouclier, mon fort,
mon arme de victoire ! ℟

Louange à Dieu !
Quand je fais appel au Seigneur,
je suis sauvé de tous mes ennemis. ℟

Les liens de la mort m'entouraient,
le torrent fatal m'emportait ;
des liens infernaux m'étreignaient :
j'étais pris aux pièges de la mort. ℟

Dans mon angoisse, j'appelai le Seigneur ;
vers mon Dieu, je lançai un cri ;
de son temple il entend ma voix :
mon cri parvient à ses oreilles. ℟

Acclamation de l'Évangile

Gloire à toi, Seigneur, Fils du Dieu vivant ! Tes paroles, Seigneur, sont esprit et elles sont vie. Tu as les paroles de la vie éternelle. ***Gloire à toi, Seigneur, Fils du Dieu vivant !***

Évangile de Jésus Christ

selon saint Jean (10, 31-42)

« Ils cherchaient à l'arrêter, mais il échappa à leurs mains »

En ce temps-là, de nouveau, des Juifs prirent des pierres pour lapider Jésus. Celui-ci reprit la parole : « J'ai multiplié sous vos yeux les œuvres bonnes qui viennent du Père. Pour laquelle de ces œuvres voulez-vous me lapider ? » Ils lui répondirent : « Ce n'est pas pour une œuvre bonne que nous voulons te lapider, mais c'est pour un blasphème : tu n'es qu'un homme, et tu te fais Dieu. » Jésus leur répliqua : « N'est-il pas écrit dans votre Loi : *J'ai dit : Vous êtes des dieux ?* Elle les appelle donc des dieux, ceux à qui la parole de Dieu s'adressait, et l'Écriture ne peut pas être abolie. Or, celui que le Père a consacré et envoyé dans le monde, vous lui dites : “Tu blasphèmes”, parce que j'ai dit : “Je suis le Fils de Dieu”. Si je ne fais pas les œuvres de mon Père, continuez à ne pas me croire. Mais si je les fais, même si vous ne me croyez pas, croyez les œuvres*. Ainsi vous reconnaîtrez, et de plus en plus, que le Père est en moi, et moi dans le Père. » Eux cherchaient de nouveau à l'arrêter, mais il échappa à leurs mains.

Il repartit de l'autre côté du Jourdain, à l'endroit où, au début, Jean baptisait ; et il y demeura. Beaucoup

vinrent à lui en déclarant : « Jean n'a pas accompli de signe ; mais tout ce que Jean a dit de celui-ci était vrai. » Et là, beaucoup crurent en lui.

Prière sur les offrandes
Dieu de miséricorde, donne-nous de pouvoir toujours te servir à ton autel avec respect, et de trouver le salut dans la participation fidèle aux mystères que nous célébrons. Par le Christ, notre Seigneur. **— *Amen.*** *1re préface de la Passion, p. 205.*

Antienne de la communion
Jésus a porté nos péchés,
dans son corps, sur le bois, afin que,
morts à nos péchés, nous vivions
pour la justice. Par ses blessures,
nous sommes guéris. (1 P 2, 24)

Prière après la communion
Donne-nous, Seigneur, de trouver dans la communion à ce sacrifice une indéfectible protection ; grâce à elle, que tout mal soit à jamais éloigné de nous. Par le Christ, notre Seigneur. **— *Amen.***

Prière sur le peuple
Le prêtre peut dire la prière suivante :
Dieu tout-puissant, accorde à ceux qui te servent et recherchent la grâce de ta protection d'être libérés de tout mal, afin de pouvoir te servir d'un cœur paisible. Par le Christ, notre Seigneur.
— *Amen.*

INVITATION
En me remémorant le mois écoulé, quels sont les moments ou les lieux dont je peux dire : « Dieu était là » ?

COMMENTAIRE

Méchants amis Jérémie 20, 10-13

Les amis de Jérémie guettent ses faux pas : ils n'arrivent pas à le séduire et sa chute sera leur revanche. Mais la fidélité du prophète n'est pas revancharde : elle s'enracine dans l'ouverture des cœurs et des reins et s'extériorise dans le chant et la louange. L'homme juste est délivré des méchants – et nous-mêmes de notre propre méchanceté – dans l'abandon et la confiance au Seigneur de l'univers. Que cette fidélité délivre notre joie de l'adversité. ■

***Nicolas Tarralle,** prêtre assomptionniste*

❊ CLÉ DE LECTURE

« Croyez les œuvres » Jean 10, 38 *(p. 224)*

Croire les œuvres ? L'expression nous arrête. En grec, le radical de « la foi », « croire » (« pistis ») recouvre plusieurs aspects que le français distingue : faire confiance, se fier à, faire crédit à, mais aussi avoir foi, croire en. Parce que ses interlocuteurs ne veulent pas se fier à sa parole et croire en lui, Jésus s'appuie sur ses « œuvres », qu'ils ont reconnues comme « bonnes ». Ce qu'il a fait : guérir, relever, nourrir, pardonner, autant d'actes qui permettent de reconnaître en lui la présence et la main de Dieu. Ces « œuvres » ne sont pas seulement des signes, elles donnent à voir ce que Dieu veut pour les humains, ce qu'il ne cesse d'offrir à profusion, et dont Jésus est la « preuve » vivante, car c'est aussi un des sens du mot « pistis », « foi ». ■

***Roselyne Dupont-Roc,** bibliste*

Liturgie de la messe

RITES INITIAUX

Le chant d'entrée achevé, le prêtre et les fidèles, debout, font le signe de la croix, tandis que le prêtre, tourné vers le peuple, dit :

Au nom du Père, et du Fils, et du Saint-Esprit.

Le peuple répond :

— Amen.

Salutation

La grâce de Jésus, le Christ, notre Seigneur, l'amour de Dieu le Père, et la communion de l'Esprit Saint soient toujours avec vous.

— Et avec votre esprit.

Ou bien : Que la grâce et la paix de Dieu notre Père et du Seigneur Jésus, le Christ, soient toujours avec vous.

— Et avec votre esprit.

Ou bien : Le Seigneur soit avec vous.

— Et avec votre esprit.

Acte pénitentiel

Frères et sœurs, préparons-nous à célébrer le mystère de l'eucharistie, en reconnaissant que nous avons péché.

(1) Je confesse à Dieu tout-puissant, je reconnais devant vous, frères et sœurs, que j'ai péché en pensée, en parole, par action et par omission ; oui, j'ai vraiment péché. C'est pourquoi je supplie la bienheureuse Vierge Marie, les anges et tous les saints, et vous aussi, frères et sœurs, de prier pour moi le Seigneur notre Dieu.

(2) Prends pitié de nous, Seigneur. ***— Nous avons péché contre toi.***
Montre-nous, Seigneur, ta miséricorde. ***— Et donne-nous ton salut.***

(3) Seigneur Jésus, envoyé pour guérir les cœurs qui reviennent vers toi :
Seigneur, prends pitié. ***— Seigneur, prends pitié.***
Ô Christ, venu appeler les pécheurs : ô Christ, prends pitié.
— Ô Christ, prends pitié.
Seigneur, qui sièges à la droite du Père où tu intercèdes pour nous :
Seigneur, prends pitié. ***— Seigneur, prends pitié.***

Que Dieu tout-puissant nous fasse miséricorde ; qu'il nous pardonne nos péchés et nous conduise à la vie éternelle. ***— Amen.***

Ensuite, on chante ou on dit le Kyrie eleison (Seigneur, prends pitié), à moins qu'il n'ait été déjà employé dans une formule de l'acte pénitentiel (c'est le cas de la précédente).

Kyrie, eleison. ***— Kyrie, eleison.***
Christe, eleison. ***— Christe, eleison.***
Kyrie, eleison. ***— Kyrie, eleison.***
ou bien : Seigneur, prends pitié. ***— Seigneur, prends pitié.***
Ô Christ, prends pitié. ***— Ô Christ, prends pitié.***
Seigneur, prends pitié. ***— Seigneur, prends pitié.***

Gloire à Dieu

Gloire à Dieu, au plus haut des cieux, et paix sur la terre aux hommes,
qu'il aime. Nous te louons, nous te bénissons, nous t'adorons,
nous te glorifions, nous te rendons grâce, pour ton immense gloire,
Seigneur Dieu, Roi du ciel, Dieu le Père tout-puissant.
Seigneur, Fils unique, Jésus Christ, Seigneur Dieu,
Agneau de Dieu, le Fils du Père ;
toi qui enlèves les péchés du monde, prends pitié de nous ;
toi qui enlèves les péchés du monde, reçois notre prière ;
toi qui es assis à la droite du Père, prends pitié de nous.
Car toi seul es Saint, toi seul es Seigneur, toi seul es le Très-Haut :
Jésus Christ, avec le Saint-Esprit dans la gloire de Dieu le Père. Amen.

Gloria in excelsis Deo et in terra pax hominibus bonæ voluntatis. Laudamus te, benedicimus te, adoramus te, glorificamus te, gratias agimus tibi propter magnam gloriam tuam, Domine Deus, Rex cælestis, Deus Pater omnipotens. Domine Fili unigenite, Iesu Christe, Domine Deus, Agnus Dei, Filius Patris, qui tollis peccata mundi, miserere nobis ; qui tollis peccata mundi, suscipe deprecationem nostram.
Qui sedes ad dexteram Patris, miserere nobis.
Quoniam tu solus Sanctus, tu solus Dominus, tu solus Altissimus,
Iesu Christe, cum Sancto Spiritu : in gloria Dei Patris. Amen.

Prière d'ouverture

Voir à la date du jour.

LITURGIE DE LA PAROLE

Voir à la date du jour.

Profession de foi

Symbole de Nicée-Constantinople

Je crois en un seul Dieu, le Père tout-puissant,
créateur du ciel et de la terre, de l'univers visible et invisible.
Je crois en un seul Seigneur, Jésus Christ, le Fils unique de Dieu,
né du Père avant tous les siècles : il est Dieu, né de Dieu,
lumière née de la lumière, vrai Dieu, né du vrai Dieu,
engendré, non pas créé, consubstantiel au Père, et par lui tout a été fait.
Pour nous les hommes, et pour notre salut, il descendit du ciel ;
par l'Esprit Saint, il a pris chair de la Vierge Marie, et s'est fait homme.
Crucifié pour nous sous Ponce Pilate,
il souffrit sa passion et fut mis au tombeau.
Il ressuscita le troisième jour, conformément aux Écritures,
et il monta au ciel ; il est assis à la droite du Père.
Il reviendra dans la gloire, pour juger les vivants et les morts ;
et son règne n'aura pas de fin.
Je crois en l'Esprit Saint, qui est Seigneur et qui donne la vie ;
il procède du Père et du Fils ; avec le Père et le Fils,
il reçoit même adoration et même gloire ; il a parlé par les prophètes.
Je crois en l'Église, une, sainte, catholique et apostolique.
Je reconnais un seul baptême pour le pardon des péchés.
J'attends la résurrection des morts, et la vie du monde à venir. Amen.

Credo in unum Deum, Patrem omnipotentem,
Factorem cæli et terræ, visibilium omnium et invisibilium.
Et in unum Dominum Iesum Christum, Filium Dei unigenitum,
et ex Patre natum ante omnia sæcula.
Deum de Deo, lumen de lumine, Deum verum de Deo vero, genitum,
non factum, consubstantialem Patri : per quem omnia facta sunt.
Qui propter nos homines et propter nostram salutem descendit de cælis.
Et incarnatus est de Spiritu Sancto ex Maria Virgine, et homo factus est.
Crucifixus etiam pro nobis sub Pontio Pilato ;
passus et sepultus est, et resurrexit tertia die, secundum Scripturas,
et ascendit in cælum, sedet ad dexteram Patris.
Et iterum venturus est cum gloria, iudicare vivos et mortuos,
cuius regni non erit finis.
Et in Spiritum Sanctum, Dominum et vivificantem :
qui ex Patre Filioque procedit.
Qui cum Patre et Filio simul adoratur et conglorificatur :
qui locutus est per prophetas.
Et unam, sanctam, catholicam et apostolicam Ecclesiam.
Confiteor unum baptisma in remissionem peccatorum.
Et exspecto resurrectionem mortuorum, et vitam venturi sæculi.
Amen.

Symbole des Apôtres

Je crois en Dieu, le Père tout-puissant, créateur du ciel et de la terre.
Et en Jésus Christ, son Fils unique, notre Seigneur,
qui a été conçu du Saint-Esprit, est né de la Vierge Marie,
a souffert sous Ponce Pilate, a été crucifié, est mort et a été enseveli,
est descendu aux enfers, le troisième jour est ressuscité des morts,
est monté aux cieux, est assis à la droite de Dieu le Père tout-puissant,
d'où il viendra juger les vivants et les morts.
Je crois en l'Esprit Saint, à la sainte Église catholique,
à la communion des saints, à la rémission des péchés,
à la résurrection de la chair, à la vie éternelle. Amen.

Prière universelle

LITURGIE EUCHARISTIQUE

Préparation des dons

Tu es béni, Seigneur, Dieu de l'univers : nous avons reçu de ta bonté le pain
que nous te présentons, fruit de la terre et du travail des hommes ;
il deviendra pour nous le pain de la vie. ***—Béni soit Dieu, maintenant et toujours !***
Comme cette eau se mêle au vin pour le sacrement de l'Alliance,
puissions-nous être unis à la divinité de celui qui a voulu prendre notre humanité.
Tu es béni, Seigneur, Dieu de l'univers : nous avons reçu de ta bonté le vin
que nous te présentons, fruit de la vigne et du travail des hommes ;
il deviendra pour nous le vin du Royaume éternel.
—Béni soit Dieu, maintenant et toujours !

Le cœur humble et contrit, nous te supplions, Seigneur, accueille-nous : que notre sacrifice, en ce jour, trouve grâce devant toi, Seigneur notre Dieu. Lave-moi de mes fautes, Seigneur, et purifie-moi de mon péché.

Prière sur les offrandes

Priez, frères et sœurs : que mon sacrifice, qui est aussi le vôtre, soit agréable à Dieu le Père tout-puissant.

– Que le Seigneur reçoive de vos mains ce sacrifice à la louange et à la gloire de son nom, pour notre bien et celui de toute l'Église.

Ou bien :

Prions ensemble, au moment d'offrir le sacrifice de toute l'Église.

– Pour la gloire de Dieu et le salut du monde.

Prière eucharistique

Le Seigneur soit avec vous. ***– Et avec votre esprit.***

Élevons notre cœur. ***– Nous le tournons vers le Seigneur.***

Rendons grâce au Seigneur notre Dieu. ***– Cela est juste et bon.***

Préfaces

1re préface du Carême

La signification spirituelle du Carême

Vraiment, il est juste et bon, pour ta gloire et notre salut, de t'offrir notre action de grâce, toujours et en tout lieu, Seigneur, Père très saint, Dieu éternel et tout-puissant, par le Christ, notre Seigneur. Car chaque année, tu accordes à tes fidèles de se préparer aux fêtes pascales dans la joie d'un cœur purifié ; de sorte qu'en s'adonnant à une prière plus fervente et à une charité plus active, fidèles aux sacrements qui les ont fait renaître, ils soient comblés de la grâce que tu réserves à tes enfants. C'est pourquoi, avec les anges et les archanges, avec les puissances d'en haut et tous les esprits bienheureux, nous chantons l'hymne de ta gloire et sans fin nous proclamons :

Saint ! Saint ! Saint...

2e préface du Carême

L'esprit de pénitence

Vraiment, il est juste et bon, pour ta gloire et notre salut, de t'offrir notre action de grâce, toujours et en tout lieu, Seigneur, Père très saint, Dieu éternel et tout-puissant. Tu offres à tes enfants ce temps de grâce pour qu'ils retrouvent la pureté du cœur, afin que, l'esprit libéré des passions mauvaises, ils travaillent à ce monde qui passe, en s'attachant surtout aux réalités qui demeurent. C'est pourquoi, avec les saints et tous les anges, nous te louons et sans fin nous proclamons : ***Saint ! Saint ! Saint...***

3e préface du Carême

Les bienfaits de l'abstinence

Vraiment, il est juste et bon, pour ta gloire et notre salut, de t'offrir notre action de grâce, toujours et en tout lieu, Seigneur, Père très saint, Dieu éternel et tout-puissant. Tu as voulu que nous te rendions grâce par nos privations : elles rabaissent notre orgueil de pécheurs et nous invitent à suivre l'exemple de ta bonté en nous faisant partager avec ceux qui ont faim. C'est pourquoi, avec les anges innombrables, d'une seule voix nous célébrons ta louange en proclamant :

Saint ! Saint ! Saint...

4e préface du Carême

Les bienfaits du jeûne

Vraiment, il est juste et bon, pour ta gloire et notre salut, de t'offrir notre action de grâce, toujours et en tout lieu, Seigneur, Père très saint, Dieu éternel et tout-puissant. Car tu veux par notre jeûne et nos privations, réprimer nos penchants mauvais, élever nos esprits, nous donner la force et enfin la récompense, par le Christ, notre Seigneur. Par lui, les anges célèbrent ta grandeur, et les esprits bienheureux adorent ta gloire ; par lui s'inclinent devant toi les puissances d'en haut et tressaillent d'une même allégresse les innombrables créatures des cieux. À leur hymne de louange, laisse-nous joindre nos voix pour chanter et proclamer :

Saint ! Saint ! Saint, le Seigneur,
Dieu de l'univers !
Le ciel et la terre
sont remplis de ta gloire.
Hosanna au plus haut des cieux.
Béni soit celui qui vient
au nom du Seigneur.
Hosanna au plus haut des cieux.

Sanctus, Sanctus, Sanctus
Dominus Deus Sabaoth.
Pleni sunt cœli et terra gloria tua.
Hosanna in excelsis.
Benedictus qui venit in nomine
Domini. Hosanna in excelsis.

• *Prière eucharistique* **1**
« Toi, Père très aimant… » .... *p. 236*
• *Prière eucharistique* **2**
« Toi qui es vraiment saint… » .... *p. 240*
• *Prière eucharistique* **3**
« Tu es vraiment saint… » .... *p. 243*
• *Prière eucharistique* **4**
« Père très saint… » .... *p. 247*
• *Prière eucharistique*
pour la réconciliation 1
« Toi, Seigneur, tu es vraiment… » .... *p. 250*

Prière eucharistique n° 1

(Préfaces : p. 233)

Toi, Père très aimant, nous te prions et te supplions par Jésus Christ, ton Fils, notre Seigneur, d'accepter et de bénir ✠ ces dons, ces offrandes, sacrifice pur et saint, que nous te présentons avant tout pour ta sainte Église catholique : accorde-lui la paix et protège-la, daigne la rassembler dans l'unité et la gouverner par toute la terre ; nous les présentons en union avec ton serviteur notre pape N., notre évêque N., et tous ceux qui gardent fidèlement la foi catholique reçue des Apôtres.

Souviens-toi, Seigneur, de tes serviteurs et de tes servantes (de N. et de N.), et de tous ceux qui sont ici réunis, dont tu connais la foi et l'attachement. Nous t'offrons pour eux, ou ils t'offrent pour eux-mêmes et tous les leurs ce sacrifice de louange, pour leur propre rédemption, pour la paix, et le salut qu'ils espèrent ; ils te rendent cet hommage, à toi, Dieu éternel, vivant et vrai.

(1) **En semaine :**

• Unis dans une même communion, vénérant d'abord la mémoire de la bienheureuse Marie toujours vierge, Mère de notre Dieu et Seigneur, Jésus Christ, •••

(2) **Le dimanche :**

• Unis dans une même communion, nous célébrons le jour où le Christ est ressuscité d'entre les morts ; et vénérant d'abord la mémoire de la bienheureuse Marie toujours vierge, Mère de notre Dieu et Seigneur, Jésus Christ, •••

3) **Pour l'Annonciation du Seigneur :**

Unis dans une même communion, nous célébrons le jour où, par l'Esprit Saint, la Vierge Marie a conçu ton Fils éternel ; et vénérant d'abord la mémoire de cette

Vierge bienheureuse, la Mère de notre Dieu et Seigneur, Jésus Christ, •••

••• et celle de saint Joseph, son époux, des bienheureux Apôtres et martyrs Pierre et Paul, André, [Jacques et Jean, Thomas, Jacques et Philippe, Barthélemy et Matthieu, Simon et Jude, Lin, Clet, Clément, Sixte, Corneille et Cyprien, Laurent, Chrysogone, Jean et Paul, Côme et Damien,] et de tous les saints, nous t'en supplions : accorde-nous, par leur prière et leurs mérites, d'être toujours et partout, forts de ton secours et de ta protection. [Par le Christ, notre Seigneur. Amen.]

Voici donc l'offrande que nous présentons devant toi, nous, tes serviteurs, et ta famille entière : Seigneur, dans ta bienveillance, accepte-la. Assure toi-même la paix de notre vie, arrache-nous à la damnation éternelle et veuille nous admettre au nombre de tes élus. [Par le Christ, notre Seigneur. Amen.]

Seigneur Dieu, nous t'en prions, daigne bénir et accueillir cette offrande, accepte-la pleinement, rends-la parfaite et digne de toi : qu'elle devienne pour nous le corps et le sang de ton Fils bien-aimé, Jésus, le Christ, notre Seigneur.

La veille de sa passion, il prit le pain dans ses mains très saintes et, les yeux levés au ciel, vers toi, Dieu, son Père tout-puissant, en te rendant grâce il dit la bénédiction, il rompit le pain, et le donna à ses disciples, en disant : « **Prenez, et mangez-en tous** : ceci est mon corps livré pour vous. »
De même, après le repas, il prit cette coupe incomparable dans ses mains très saintes ; et, te rendant grâce à nouveau, il dit la bénédiction, et donna la coupe à ses disciples, en disant :

« **Prenez, et buvez-en tous,** car ceci est la coupe de mon sang, le sang de l'Alliance nouvelle et éternelle, qui sera versé pour vous et pour la multitude en rémission des péchés. Vous ferez cela en mémoire de moi. »

(1) Il est grand, le mystère de la foi :
—Nous annonçons ta mort, Seigneur Jésus, nous proclamons ta résurrection, nous attendons ta venue dans la gloire.

(2) Acclamons le mystère de la foi :
—Quand nous mangeons ce pain et buvons à cette coupe, nous annonçons ta mort, Seigneur ressuscité, et nous attendons que tu viennes.

(3) Qu'il soit loué, le mystère de la foi :
—Sauveur du monde, sauve-nous!
Par ta croix et ta résurrection,
tu nous as libérés.
ou:
Proclamons le mystère de la foi :
—Gloire à toi qui étais mort, gloire à toi qui es vivant, notre Sauveur et notre Dieu: viens, Seigneur Jésus!

Mysterium fidei.
(1) *– Mortem tuam annuntiamus, Domine, et tuam resurrectionem confitemur, donec venias.*

(2) *– Quotiescumque manducamus panem hunc et calicem bibimus, mortem tuam annuntiamus, Domine, donec venias.*

(3) *– Salvator mundi, salva nos, qui per crucem et resurrectionem tuam liberasti nos.*

Voilà pourquoi nous, tes serviteurs, et ton peuple saint avec nous, faisant mémoire de la passion bienheureuse de ton Fils, Jésus, le Christ, notre Seigneur, de sa résurrection du séjour des morts et de sa glorieuse ascension dans le ciel, nous te présentons, Dieu de gloire et de majesté, cette offrande prélevée sur les biens que tu nous donnes, le sacrifice pur et saint, le sacrifice parfait, pain de la vie éternelle et coupe du salut. Et comme il t'a plu d'accueillir les présents de ton serviteur Abel le Juste, le sacrifice d'Abraham, notre père dans la foi, et celui que t'offrit Melkisédek, ton grand prêtre, oblation sainte et immaculée, regarde ces offrandes avec amour et, dans ta bienveillance, accepte-les. Nous t'en supplions, Dieu tout-puissant : qu'elles soient portées par les mains de ton saint Ange en présence de ta gloire, sur ton autel céleste, afin qu'en recevant ici, par notre communion à l'autel, le corps et le sang très saints de ton Fils, nous soyons comblés de la grâce et de toute bénédiction du ciel. [Par le Christ, notre Seigneur. Amen.]

Souviens-toi aussi, Seigneur, de tes serviteurs et de tes servantes (de N. et N.) qui nous ont précédés, marqués du signe de la foi, et qui dorment dans la paix. Pour eux et pour tous ceux qui reposent dans le Christ, nous implorons ta bonté, Seigneur : qu'ils demeurent dans la joie, la lumière et la paix. [Par le Christ, notre Seigneur. Amen.]

Et nous pécheurs, tes serviteurs, qui mettons notre espérance en ta miséricorde inépuisable, admets-nous dans la communauté des saints Apôtres et martyrs, avec Jean Baptiste, Étienne, Matthias et Barnabé, [Ignace, Alexandre, Marcellin et Pierre, Félicité et Perpétue, Agathe, Lucie, Agnès, Cécile, Anastasie,] et tous les saints ; nous t'en prions, accueille-nous dans leur compagnie, sans nous juger sur le mérite mais en accordant largement ton pardon. Par le Christ, notre Seigneur. Par lui, tu ne cesses de créer tous ces biens, tu les sanctifies, leur donnes la vie, les bénis, et nous en fais le don.

Par lui, avec lui et en lui, à toi, Dieu le Père tout-puissant, dans l'unité du Saint-Esprit, tout honneur et toute gloire, pour les siècles des siècles.

— Amen.

Vient ensuite le rite de la communion, p. 253.

Prière eucharistique nº 2

(On peut aussi choisir une autre préface.)

Vraiment, Père très saint, il est juste et bon, pour ta gloire et notre salut, de t'offrir notre action de grâce, toujours et en tout lieu, par ton Fils bien-aimé, Jésus, le Christ : il est ta parole par qui tu as créé toutes choses ; c'est lui que tu nous as envoyé comme Rédempteur et Sauveur, Dieu fait homme, conçu de l'Esprit Saint, né de la Vierge Marie. Pour accomplir jusqu'au bout ta volonté et rassembler un peuple saint qui t'appartienne, il étendit les mains à l'heure de sa passion, afin de briser la mort, et de manifester la résurrection. C'est pourquoi, avec les anges et tous les saints, nous chantons ta gloire, et d'une seule voix nous proclamons :

Saint ! Saint ! Saint, le Seigneur,
Dieu de l'univers ! Le ciel et la terre
sont remplis de ta gloire. Hosanna au
plus haut des cieux. Béni soit celui qui
vient au nom du Seigneur.
Hosanna au plus haut des cieux.

(Voir p. 235 pour la version latine.)

(1) **En semaine :**

• Toi qui es vraiment saint, toi qui es la source de toute sainteté, Seigneur, nous te prions : •••

(2) **Le dimanche :**

• Toi qui es vraiment saint, toi qui es la source de toute sainteté, Dieu notre Père, nous voici rassemblés devant toi, et, dans la communion de toute l'Église, nous célébrons le jour où le Christ est ressuscité d'entre les morts. Par lui que tu as élevé à ta droite, nous te prions : •••

3) **Pour l'Annonciation du Seigneur :**

Toi qui es vraiment saint, toi qui es la source de toute sainteté, Dieu notre Père, nous voici rassemblés devant toi et, dans la communion de toute l'Église, nous célébrons le jour où, par l'Esprit Saint, la Vierge Marie a conçu ton Fils éternel. Par lui, qui est devenu notre Sauveur, nous te prions : •••

••• Sanctifie ces offrandes en répandant sur elles ton Esprit ; qu'elles deviennent pour nous le corps et ✠ le sang de Jésus, le Christ, notre Seigneur.

Prière eucharistique n° 2

Au moment d'être livré et d'entrer librement dans sa passion, il prit le pain, il rendit grâce, il le rompit et le donna à ses disciples, en disant : « **Prenez, et mangez-en tous** : ceci est mon corps livré pour vous. »

De même, après le repas, il prit la coupe ; de nouveau il rendit grâce, et la donna à ses disciples, en disant : « **Prenez, et buvez-en tous**, car ceci est la coupe de mon sang, le sang de l'Alliance nouvelle et éternelle, qui sera versé pour vous et pour la multitude en rémission des péchés. Vous ferez cela en mémoire de moi. »

(1) Il est grand, le mystère de la foi :

— Nous annonçons ta mort, Seigneur Jésus, nous proclamons ta résurrection, nous attendons ta venue dans la gloire.

(2) Acclamons le mystère de la foi :

— Quand nous mangeons ce pain et buvons à cette coupe, nous annonçons

ta mort, Seigneur ressuscité,
et nous attendons que tu viennes.

(3) Qu'il soit loué, le mystère de la foi :
— Sauveur du monde, sauve-nous !
Par ta croix et ta résurrection,
tu nous as libérés.

ou Proclamons le mystère de la foi :
— Gloire à toi qui étais mort, gloire à toi qui es vivant, notre Sauveur et notre Dieu : viens, Seigneur Jésus !

(Voir p. 238 pour la version latine.)

En faisant ainsi mémoire de la mort et de la résurrection de ton Fils, nous t'offrons, Seigneur, le pain de la vie et la coupe du salut, et nous te rendons grâce, car tu nous as estimés dignes de nous tenir devant toi pour te servir. Humblement, nous te demandons qu'en ayant part au corps et au sang du Christ, nous soyons rassemblés par l'Esprit Saint en un seul corps.

Souviens-toi, Seigneur, de ton Église répandue à travers le monde : fais-la grandir dans ta charité en union avec notre pape N., notre évêque N., et tous les évêques, les prêtres et les diacres.

Souviens-toi aussi de nos frères et sœurs qui se sont endormis dans l'espérance de la résurrection, et souviens-toi, dans ta miséricorde, de tous les défunts : accueille-les dans la lumière de ton visage.

Sur nous tous enfin, nous implorons ta bonté : permets qu'avec la Vierge Marie, la bienheureuse Mère de Dieu, avec saint Joseph, son époux, les Apôtres et tous les saints qui ont fait ta joie au long des âges, nous ayons part à la vie éternelle et que nous chantions ta louange et ta gloire, par ton Fils Jésus, le Christ.

Par lui, avec lui et en lui, à toi, Dieu le Père tout-puissant, dans l'unité du Saint-Esprit, tout honneur et toute gloire, pour les siècles des siècles.

— Amen.

Vient ensuite le rite de la communion, p. 253.

Prière eucharistique nº 3

(Préfaces : p. 233)

Tu es vraiment saint, Dieu de l'univers, et il est juste que toute la création proclame ta louange, car c'est toi qui donnes la vie, c'est toi qui sanctifies toutes choses, par ton Fils, Jésus Christ, notre Seigneur, avec la puissance de l'Esprit Saint ; et tu ne cesses de rassembler ton peuple, afin que, du levant au couchant du soleil, une offrande pure soit présentée à ton nom.

***(1)* En semaine :**

• C'est pourquoi nous te supplions, Seigneur, de consacrer toi-même les offrandes que nous apportons : •••

***(2)* Le dimanche :**

• C'est pourquoi nous voici rassemblés devant toi, Dieu notre Père, et, dans la communion de toute l'Église, nous célébrons le jour où le Christ est ressuscité d'entre les morts. Par lui, que tu as élevé à ta droite, nous te supplions de consacrer toi-même les offrandes que nous apportons : •••

***(3)* Pour l'Annonciation du Seigneur :**

• C'est pourquoi nous voici rassemblés devant toi, Dieu notre Père, et, dans la communion de toute l'Église, nous célébrons le jour où, par l'Esprit Saint, la Vierge Marie a conçu ton Fils éternel. Par lui, qui est devenu notre Sauveur, nous te supplions de consacrer toi-même les offrandes que nous apportons : •••

••• Sanctifie-les par ton Esprit pour qu'elles deviennent le corps ✠ et le sang de ton Fils, Jésus Christ, notre Seigneur, qui nous a dit de célébrer ce mystère.

La nuit même où il fut livré, il prit le pain, en te rendant grâce il dit la bénédiction, il rompit le pain, et le donna à ses disciples, en disant : « **Prenez, et mangez-en tous** : ceci est mon corps livré pour vous. »
De même, après le repas, il prit la coupe ; en te rendant grâce il dit la bénédiction, et donna la coupe à ses disciples, en disant :
« **Prenez, et buvez-en tous**, car ceci est la coupe de mon sang, le sang de l'Alliance nouvelle et éternelle, qui sera versé pour vous et pour la multitude en rémission des péchés. Vous ferez cela en mémoire de moi. »

(1) Il est grand, le mystère de la foi :
— Nous annonçons ta mort,
Seigneur Jésus,
nous proclamons ta résurrection,
nous attendons ta venue dans la gloire.

(2) Acclamons le mystère de la foi :
— Quand nous mangeons ce pain
et buvons à cette coupe,
nous annonçons ta mort,
Seigneur ressuscité,
et nous attendons que tu viennes.

(3) Qu'il soit loué, le mystère de la foi :
— Sauveur du monde,
sauve-nous !
Par ta croix et ta résurrection,
tu nous as libérés.

ou :

Proclamons le mystère de la foi :
— Gloire à toi qui étais mort, gloire à toi qui es vivant, notre Sauveur et notre Dieu : viens, Seigneur Jésus !

(Voir p. 238 pour la version latine.)

Prière eucharistique n° 3

En faisant ainsi mémoire de ton Fils, de sa passion qui nous sauve, de sa glorieuse résurrection et de son ascension dans le ciel, alors que nous attendons son dernier avènement, nous t'offrons, Seigneur, en action de grâce, ce sacrifice vivant et saint. Regarde, nous t'en prions, l'oblation de ton Église, et daigne y reconnaître ton Fils qui, selon ta volonté, s'est offert en sacrifice pour nous réconcilier avec toi. Quand nous serons nourris de son corps et de son sang, et remplis de l'Esprit Saint, accorde-nous d'être un seul corps et un seul esprit dans le Christ.

Que l'Esprit Saint fasse de nous une éternelle offrande à ta gloire, pour que nous obtenions un jour l'héritage promis, avec tes élus : en premier lieu la bienheureuse Vierge Marie, Mère de Dieu, avec saint Joseph, son époux, les bienheureux Apôtres, les glorieux martyrs, (saint N.) et tous les saints, qui ne cessent d'intercéder auprès de toi et nous assurent de ton secours.

Et maintenant nous te supplions, Seigneur : par le sacrifice qui nous réconcilie avec toi, étends au monde entier le salut et la paix. Affermis ton Église, en pèlerinage sur la terre, dans la foi et la charité, en union avec ton serviteur notre pape N., et notre évêque N., l'ensemble des évêques, les prêtres, les diacres, et tout le peuple que tu as racheté. Écoute, en ta bonté, les prières de ta famille, que tu as voulu rassembler devant toi. Dans ta miséricorde, ramène à toi, Père très aimant, tous tes enfants dispersés.

Pour nos frères et sœurs défunts, et pour tous ceux qui ont quitté ce monde et trouvent grâce devant toi, nous te prions : en ta bienveillance, accueille-les dans ton Royaume, où nous espérons être comblés de ta gloire, tous ensemble et pour l'éternité, par le Christ, notre Seigneur, par qui tu donnes au monde toute grâce et tout bien.

Par lui, avec lui et en lui, à toi, Dieu le Père tout-puissant, dans l'unité du Saint-Esprit, tout honneur et toute gloire, pour les siècles des siècles.

— Amen.

Vient ensuite le rite de la communion, p. 253.

Prière eucharistique n° 4

Vraiment, il est bon de te rendre grâce, il est juste et bon de te glorifier, Père très saint, car tu es le seul Dieu, le Dieu vivant et vrai : toi qui es avant tous les siècles, tu demeures éternellement, lumière au-delà de toute lumière. Toi, le Dieu de bonté, la source de la vie, tu as fait le monde pour que toute créature soit comblée de tes bénédictions, et que beaucoup se réjouissent de l'éclat de ta lumière. Ainsi, la foule innombrable des anges qui te servent jour et nuit se tiennent devant toi, et, contemplant la splendeur de ta face, n'interrompent jamais leur louange. Unis à leur hymne d'allégresse, avec la création tout entière qui t'acclame par nos voix, Dieu, nous te chantons (louons) :

Saint ! Saint ! Saint,
le Seigneur,
Dieu de l'univers !
Le ciel et la terre
sont remplis de ta gloire.
Hosanna au plus haut des cieux.
Béni soit celui qui vient
au nom du Seigneur.
Hosanna au plus haut des cieux.

(Voir p. 235 pour la version latine.)

Prière eucharistique n° 4

Père très saint, nous proclamons que tu es grand et que tu as fait toutes choses avec sagesse et par amour : tu as créé l'homme à ton image et tu lui as confié l'univers, afin qu'en te servant, toi seul, son Créateur, il règne sur la création. Comme il avait perdu ton amitié par sa désobéissance, tu ne l'as pas abandonné au pouvoir de la mort. Dans ta miséricorde, tu es venu en aide à tous les hommes pour qu'ils te cherchent et puissent te trouver. Tu as multiplié les alliances avec eux, et tu les as formés, par les prophètes, dans l'espérance du salut. Tu as tellement aimé le monde, Père très saint, que tu nous as envoyé ton Fils unique, lorsque les temps furent accomplis, pour qu'il soit notre Sauveur. Dieu fait homme, conçu de l'Esprit Saint, né de la Vierge Marie, il a vécu notre condition humaine en toute chose, excepté le péché, annonçant aux pauvres la bonne nouvelle du salut ; aux captifs, la délivrance ; aux affligés, la joie. Pour accomplir le dessein de ton amour, il s'est livré lui-même à la mort, et, par sa résurrection, il a détruit la mort et renouvelé la vie. Afin que désormais notre vie ne soit plus à nous-mêmes, mais à lui qui est mort et ressuscité pour nous, il a envoyé d'auprès de toi, Père, comme premier don fait aux croyants, l'Esprit Saint qui continue son œuvre dans le monde et achève toute sanctification.

Que ce même Esprit Saint, nous t'en prions, Seigneur, sanctifie ces offrandes : qu'elles deviennent ainsi le corps ✠ et le sang de notre Seigneur Jésus, le Christ, dans la célébration de ce grand mystère, que lui-même nous a laissé en signe de l'Alliance éternelle.

Quand l'heure fut venue où tu allais le glorifier, Père très saint, comme il avait aimé les siens qui étaient dans le monde, il les aima jusqu'au bout : pendant le repas qu'il partageait avec eux, il prit le pain, dit la bénédiction, le rompit et le donna à ses disciples, en disant : **« Prenez, et mangez-en tous** : ceci est mon corps livré pour vous. » De même, il prit la coupe remplie de vin, il rendit grâce, et la donna à ses disciples, en disant : **« Prenez, et buvez-en tous,** car ceci est la coupe de mon sang, le sang de l'Alliance nouvelle et éternelle, qui sera versé pour vous et pour la multitude en rémission des péchés. Vous ferez cela en mémoire de moi. »

(1) Il est grand, le mystère de la foi :
— Nous annonçons ta mort,
Seigneur Jésus,
nous proclamons ta résurrection,
nous attendons ta venue dans la gloire.

(2) Acclamons le mystère de la foi :
— Quand nous mangeons ce pain
et buvons à cette coupe,
nous annonçons ta mort,
Seigneur ressuscité,
et nous attendons que tu viennes.

(3) Qu'il soit loué, le mystère de la foi :
— Sauveur du monde, sauve-nous !
Par ta croix et ta résurrection,
tu nous as libérés.
ou : Proclamons le mystère de la foi :
— Gloire à toi qui étais mort,
gloire à toi qui es vivant,
notre Sauveur et notre Dieu :
viens, Seigneur Jésus !
(Voir p. 238 pour la version latine.)

Voilà pourquoi, Seigneur, nous célébrons aujourd'hui le mémorial de notre rédemption : en rappelant la mort du Christ et sa descente au séjour des morts, en proclamant sa résurrection et son ascension à ta droite, en attendant sa venue dans la gloire, nous t'offrons son corps et son sang, le sacrifice qui est digne de toi et qui sauve le monde entier. Regarde, Seigneur, celui qui s'offre dans le sacrifice que toi-même as préparé pour ton Église, et, dans ta bonté, accorde à tous ceux qui vont partager ce pain et boire à cette coupe d'être rassemblés par l'Esprit Saint en un seul corps, pour qu'ils deviennent eux-mêmes dans le Christ une vivante offrande à la louange de ta gloire.

Et maintenant, Seigneur, rappelle-toi tous ceux pour qui nous offrons le sacrifice : en premier lieu, ton serviteur notre pape N., notre évêque N., et l'ensemble des évêques, les prêtres et les diacres, les fidèles qui présentent cette offrande, les membres de notre assemblée, le peuple entier qui t'appartient, et tous ceux qui te cherchent avec droiture.

Souviens-toi aussi de ceux qui sont morts dans la paix du Christ, et de tous les défunts dont toi seul connais la foi.

À nous qui sommes tes enfants, accorde, Père très bon, l'héritage de la vie éternelle auprès de la Vierge Marie, la bienheureuse Mère de Dieu, auprès de saint Joseph, son époux, des Apôtres et de tous les saints, dans ton Royaume. Nous pourrons alors, avec la création tout entière, enfin libérée de la corruption du péché et de la mort, te glorifier par le Christ, notre Seigneur, par qui tu donnes au monde toute grâce et tout bien.

Par lui, avec lui et en lui, à toi, Dieu le Père tout-puissant, dans l'unité du Saint-Esprit, tout honneur et toute gloire, pour les siècles des siècles.

— Amen.

Vient ensuite le rite de la communion, p. 253.

Prière eucharistique pour la réconciliation n° 1

Vraiment, il est juste et bon de toujours te rendre grâce, Seigneur, Père très saint, Dieu éternel et tout-puissant. Car tu ne cesses de nous appeler à une vie plus belle ; toi qui es riche en miséricorde, sans te lasser tu offres ton pardon et tu invites les pécheurs à s'en remettre à ta seule bonté. Bien loin de te détourner de nous, qui avons si souvent rompu ton Alliance, tu as noué avec la famille humaine, par ton Fils Jésus notre Rédempteur, un nouveau lien de charité, si fort que rien ne pourra le défaire. Et maintenant que tu accordes à ton peuple un temps de grâce et de réconciliation, tu lui donnes, par la conversion du cœur, de mettre son espérance dans le Christ Jésus et de se dévouer au service de tous les hommes en se livrant davantage à l'Esprit Saint. C'est pourquoi, remplis d'admiration, nous voulons joindre nos voix aux voix innombrables du ciel, pour magnifier la puissance de ton amour dans la joie de notre salut, et sans fin nous proclamons : ***Saint! Saint! Saint…***

(Voir p. 235 pour la version latine.)

Toi, Seigneur, tu es vraiment saint, tu es toujours à l'œuvre, depuis les origines du monde, pour que l'homme devienne saint comme toi-même es Saint.

Regarde, nous t'en prions, les offrandes de ton peuple, et répands sur elles la puissance de ton Esprit : qu'elles deviennent le corps ✠ et le sang de ton Fils bien-aimé, Jésus, le Christ, en qui, nous aussi, nous sommes tes fils. Nous qui étions perdus, incapables de nous rapprocher de toi, tu nous as aimés du plus grand amour : ton Fils, le seul Juste, s'est livré lui-même à la mort et n'a pas refusé d'être cloué pour nous sur le bois de la croix. Mais avant que ses bras étendus dessinent entre ciel et terre le signe indélébile de ton Alliance, il voulut célébrer la Pâque au milieu de ses disciples.

Au cours du repas, il prit le pain, en te rendant grâce il dit la bénédiction, il rompit le pain, et le donna à ses disciples, en disant : **« Prenez, et mangez-en tous** : ceci est mon corps livré pour vous. »
De même, après le repas, sachant qu'il allait tout réconcilier en lui par son sang répandu sur la croix, il prit la coupe remplie de vin, et, te rendant grâce à nouveau, il la fit passer à ses disciples, en disant : **« Prenez, et buvez-en tous,** car ceci est la coupe de mon sang, le sang de l'Alliance nouvelle et éternelle, qui sera versé pour vous et pour la multitude en rémission des péchés. Vous ferez cela, en mémoire de moi. »

(1) Il est grand, le mystère de la foi :
— Nous annonçons ta mort,
Seigneur Jésus,
nous proclamons ta résurrection,
nous attendons ta venue dans la gloire.

(2) Acclamons le mystère de la foi :
— Quand nous mangeons ce pain
et buvons à cette coupe,
nous annonçons ta mort,
Seigneur ressuscité, et nous attendons
que tu viennes.

(3) Qu'il soit loué, le mystère de la foi :
— Sauveur du monde, sauve-nous !
Par ta croix et ta résurrection, tu nous
as libérés.
ou bien :
Proclamons le mystère de la foi :
— Gloire à toi qui étais mort,
gloire à toi qui es vivant,
notre Sauveur et notre Dieu :
viens, Seigneur Jésus !
(Voir p. 238 pour la version latine.)

Prière eucharistique pour la réconciliation n° 1

En faisant mémoire de ton Fils Jésus, le Christ, notre Pâque et notre paix définitive, nous célébrons sa mort et sa résurrection du séjour des morts, et, en appelant le jour béni de sa venue, nous te présentons, Dieu de fidélité et de miséricorde, celui qui s'est offert lui-même en sacrifice pour réconcilier l'humanité avec toi. Regarde avec bonté, Père très aimant, ceux que tu attires à toi, par le sacrifice de ton propre Fils : accorde à ceux qui ont part à un seul pain et une seule coupe d'être rassemblés, par la force de l'Esprit Saint, en un seul corps dans le Christ par qui est abolie toute division.

Daigne nous garder toujours en communion d'esprit et de cœur avec notre pape N. et notre évêque N. Aide-nous à préparer ensemble la venue de ton règne jusqu'à l'heure où nous nous tiendrons devant toi, saints parmi les saints dans le ciel, avec la bienheureuse Vierge Marie, Mère de Dieu, les bienheureux Apôtres et tous les saints, avec nos frères et sœurs défunts, que nous confions humblement à ta miséricorde. Alors, enfin libérés de la corruption qui nous blesse, nous deviendrons une création nouvelle, et, avec joie, nous te chanterons l'action de grâce du Christ à jamais vivant.

Par lui, avec lui et en lui, à toi, Dieu le Père tout-puissant, dans l'unité du Saint-Esprit, tout honneur et toute gloire, pour les siècles des siècles.

—Amen.

Vient ensuite le rite de la communion, *page ci-contre.*

RITE DE LA COMMUNION

Notre Père

(1) Comme nous l'avons appris du Sauveur, et selon son commandement, nous osons dire :

(2) Unis dans le même Esprit, nous pouvons dire avec confiance la prière que nous avons reçue du Sauveur :

Notre Père qui es aux cieux, que ton nom soit sanctifié,
que ton règne vienne, que ta volonté soit faite sur la terre comme au ciel.
Donne-nous aujourd'hui notre pain de ce jour. Pardonne-nous nos offenses,
comme nous pardonnons aussi à ceux qui nous ont offensés.
Et ne nous laisse pas entrer en tentation, mais délivre-nous du Mal.

(3) *Præceptis salutaribus moniti, et divina institutione formati, audemus dicere : Pater noster, qui es in cælis : sanctificetur nomen tuum; adveniat regnum tuum; fiat voluntas tua, sicut in cælo, et in terra. Panem nostrum cotidianum da nobis hodie; et dimitte nobis debita nostra, sicut et nos dimittimus debitoribus nostris; et ne nos inducas in tentationem; sed libera nos a malo.*

Délivre-nous de tout mal, Seigneur, et donne la paix à notre temps : soutenus par ta miséricorde, nous serons libérés de tout péché, à l'abri de toute épreuve, nous qui attendons que se réalise cette bienheureuse espérance : l'avènement de Jésus Christ, notre Sauveur.

— Car c'est à toi qu'appartiennent le règne,
la puissance et la gloire pour les siècles des siècles !

Échange de la paix

Seigneur Jésus Christ, tu as dit à tes Apôtres : « Je vous laisse la paix, je vous donne ma paix » ; ne regarde pas nos péchés mais la foi de ton Église ; pour que ta volonté s'accomplisse, donne-lui toujours cette paix, et conduis-la vers l'unité parfaite, toi qui vis et règnes pour les siècles des siècles. – ***Amen.***

Que la paix du Seigneur soit toujours avec vous. – ***Et avec votre esprit.***

Dans la charité du Christ, donnez-vous la paix.

Fraction du pain

Que le corps et le sang de notre Seigneur Jésus Christ,
réunis dans cette coupe, nourrissent en nous la vie éternelle.

Agneau de Dieu

Agneau de Dieu, qui enlèves les péchés du monde, prends pitié de nous. *(bis)*
Agneau de Dieu, qui enlèves les péchés du monde, donne-nous la paix.

Agnus Dei, qui tollis peccata mundi, miserere nobis. (bis)
Agnus Dei, qui tollis peccata mundi, dona nobis pacem.

Communion

(1) *Seigneur Jésus Christ, Fils du Dieu vivant, selon la volonté du Père et avec la puissance du Saint-Esprit, tu as donné, par ta mort, la vie au monde ; que ton corps et ton sang très saints me délivrent de mes péchés et de tout mal ; fais que je demeure fidèle à tes commandements et que jamais je ne sois séparé de toi.*

(2) *Seigneur Jésus Christ, que cette communion à ton corps et à ton sang n'entraîne pour moi ni jugement ni condamnation ; mais que, par ta bonté, elle soutienne mon esprit et mon corps et me donne la guérison.*

Voici l'Agneau de Dieu, voici celui qui enlève les péchés du monde.
Heureux les invités au repas des noces de l'Agneau !

— Seigneur, je ne suis pas digne de te recevoir ; mais dis seulement une parole, et je serai guéri.

Chant de communion *ou antienne de la communion.*

Prière après la communion *voir à la date du jour.*

RITE DE CONCLUSION

Le Seigneur soit avec vous.

— Et avec votre esprit.

Que Dieu tout-puissant vous bénisse, le Père, et le Fils, + et le Saint-Esprit.

— Amen.

Puis le diacre, ou le prêtre lui-même, les mains jointes, tourné vers l'assemblée, dit :

(1) Allez, dans la paix du Christ.
(2) Allez porter l'Évangile du Seigneur.
(3) Allez en paix, glorifiez le Seigneur par votre vie.
(4) Allez en paix.

— Nous rendons grâce à Dieu.

Chants pour la célébration

Les chants en rouge sont consultables à la page indiquée. **Les chants en noir** sont référencés avec leur cote SECLI.

	Ouverture	Renvoi	Communion / Action de grâce	Renvoi
5 mars	Sur les routes de l'Alliance Lumière des hommes Peuple de l'Alliance	p. 257 GX128-2bis G244	Rien que pour aujourd'hui Le Seigneur est ma lumière et mon salut Prenez et mangez	p. 262 DEV520 D52-67
12 mars	Réveille les sources de l'eau vive Source d'espérance Dieu qui nous appelles vivre	p. 258 p. 259 K158	Tu m'as séduit, Seigneur T'approcher, Seigneur Venez vous abreuver	p. 264 GP22-68-6 p. 266
19 mars	Ouvre mes yeux, Seigneur Dieu nous a tous appelés Aujourd'hui s'est levée la lumière	p. 260 KD14-56-1 FX515	Mendiant du jour Qui regarde vers Dieu Il est venu marcher	p. 267 p. 265 M157-4
26 mars	À ce monde que tu fais L'Esprit Saint qui nous est donné Ne craignez pas	RT146-1 p. 261 R559	Pain des merveilles Puisque tu fais miséricorde Grain de blé	D203 p. 268 GX510

Suggestions pour mars 2023 proposées par Thibault Van Den Driessche, avec ChantonsenÉglise

Sur les routes de l'Alliance (Ouverture)

T. : C. Bernard ; M. : J. Akepsimas ; Studio SM.

Refrain : **Sur les routes de l'Alliance, ta lumière nous conduit.**
Nous marchons pleins d'espérance, tu nous mènes vers la vie.

① **Dieu, printemps du monde, par amour tu nous choisis.**
Fais grandir ton peuple, nous vivrons pour te servir.
Bienheureux qui sait répondre à l'appel de ton Esprit !

② **Dieu, semeur d'étoiles, tu éclaires notre nuit.**
Fais grandir ton peuple, nous vivrons pour te servir.
Bienheureux qui ose croire au soleil de ton pays !

③ **Dieu, berger fidèle, tu nous dis quel est ton nom.**
Fais grandir ton peuple, nous vivrons pour te servir.
Bienheureux celui qui cherche, tu lui ouvres ta maison !

④ **Dieu, sauveur des hommes, tu nous donnes Jésus Christ.**
Fais grandir ton peuple, nous vivrons pour te servir.
Bienheureux le cœur de pauvre, son trésor est infini !

⑤ **Dieu, promesse offerte, ton Alliance est notre joie.**
Fais grandir ton peuple, nous vivrons pour te servir.
Bienheureux dans ta lumière les marcheurs qui gardent foi !

Réveille les sources de l'eau vive *(Ouverture)*

G548 ; T. : M. Scouarnec ; M. : J. Akepsimas ; Studio SM.

Refrain : **Réveille les sources de l'eau vive qui dorment dans nos cœurs,**
toi, Jésus qui nous délivres, toi, le don de Dieu !

① Au passant sur la route,
tu demandes un verre d'eau,
toi, la source de la vie.

② Au passant sur la route,
tu demandes un mot d'espoir,
toi, Parole qui libères.

③ Au passant sur la route,
tu demandes une lumière,
toi, Soleil de vérité.

④ Au passant sur la route,
tu demandes une amitié,
toi, l'amour venu du Père.

⑤ Au passant sur la route,
tu demandes un peu de pain,
toi, festin des affamés.

⑥ Au passant sur la route,
tu demandes un cri de joie,
toi, Jésus ressuscité.

Source d'espérance *(Ouverture)*

K240 ; T. : C. Bernard ; M. : J. Akepsimas ; Studio SM.

Refrain : **Source d'espérance, fais jaillir la vie !**
Dieu qui nous devances, fais lever l'Esprit !
Jeunesse au cœur du monde, Dieu notre avenir !
Tendresse au cœur du monde, Dieu notre avenir !

① **Pour des œuvres de lumière, ton amour nous a créés.**
Gloire à toi, Créateur ! Gloire à toi, Dieu sauveur !
Dans nos mains fleurit la terre que toi-même as façonnée,
créateurs avec toi, messagers de ta joie !
Par Jésus tu nous éclaires, le vieux monde est rénové.

② **Pour des œuvres de justice, tu demeures à nos côtés.**
Gloire à toi, Créateur ! Gloire à toi, Dieu sauveur !
Nous luttons en hommes libres, défenseurs des opprimés,
créateurs avec toi, messagers de ta joie !
Par Jésus tu nous inspires de vrais gestes pour la paix !

③ **Dans les œuvres de patience, tu éprouves notre foi.**
Gloire à toi, Créateur ! Gloire à toi, Dieu sauveur !
Face au vent de la violence pourrons-nous porter la croix ?
Créateurs avec toi, messagers de ta joie !
Par Jésus tu nous devances, il connaît tous nos pourquoi.

Ouvre mes yeux, Seigneur (Ouverture)

GP79-3 ; T. : M. Scouarnec ; M. : M. Godard ; Mame (Le Chalet) © CNPL.

② **Ouvre mes mains, Seigneur,**
qui se ferment pour tout garder.
Le pauvre a faim devant ma maison :
apprends-moi à partager.

③ **Fais que je marche, Seigneur,**
aussi dur que soit le chemin.
Je veux te suivre jusqu'à la croix :
viens me prendre par la main.

L'Esprit Saint qui nous est donné *(Ouverture)*

K504 ; T. : B. Mélois ; M. : G. du Boullay ; L'Emmanuel.

Refrain : **L'Esprit Saint qui nous est donné fait de nous tous des fils de Dieu.**
Appelés à la liberté, glorifions Dieu par notre vie !

1. Nés de l'amour de notre Dieu, Fils de lumière, sel de la terre,
ferments d'amour au cœur du monde, par la puissance de l'Esprit.

2. À son image, il nous a faits, pour nous aimer comme il nous aime,
sa ressemblance reste gravée, au fond des cœurs de ceux qui l'aiment.

3. Tous ceux qu'anime l'Esprit Saint sont délivrés de toute peur,
et désormais fils adoptifs, ils sont devenus fils du Père.

4. N'ayons pas peur d'être des saints, puisque le Christ nous a aimés,
ouvrons les portes à l'espérance, soyons des témoins de sa paix !

5. À nos côtés se tient Marie, Mère du Christ, Mère des hommes,
notre soutien et notre guide, dans notre marche vers son Fils.

Rien que pour aujourd'hui (Action de grâce)

T. et M. : Communauté de l'Emmanuel (B. Garraud/G. Pradère) ; L'Emmanuel.

② Me soucier pour demain, oh non, je ne le puis.
Guide en paix ma nacelle, rien que pour aujourd'hui.

③ En ta face, Seigneur, je me cache en ce jour.
Conserve-moi ta grâce, donne-moi ton amour.

④ Près de ton divin cœur, je ne crains plus la nuit,
j'oublie tout ce qui passe, rien que pour aujourd'hui.

⑤ Ô pilote divin dont la main me conduit,
j'accepte les épreuves, rien que pour aujourd'hui.

⑥ Ô je voudrais te voir, loin de toi, je languis,
découvre-moi ta face, rien que pour aujourd'hui.

⑦ Quand le jour sans couchant sur mon âme aura lui,
je chanterai sans cesse l'éternel aujourd'hui.

Tu m'as séduit, Seigneur (Action de grâce)

O515 ; T. : P. Grostéfan ; M. : M. Wackenheim ; ADF – Studio SM.

Qui regarde vers Dieu (Action de grâce)

T. : refrain Taizé et strophes AELF ; M. : Taizé ; Ateliers et presses de Taizé.

① Je bénirai le Seigneur en tout temps,
sa louange sans cesse à mes lèvres.
Je me glorifierai dans le Seigneur :
que les pauvres m'entendent
et soient en fête !

② Saints du Seigneur, adorez-le :
rien ne manque à ceux qui le craignent.
Des riches ont tout perdu, ils ont faim ;
qui cherche le Seigneur
ne manquera d'aucun bien.

③ Venez, mes fils, écoutez-moi,
que je vous enseigne la crainte
du Seigneur.
Qui donc aime la vie
et désire les jours
où il verra le bonheur ?

④ Garde ta langue du mal
et tes lèvres des paroles perfides.
Évite le mal, fais ce qui est bien,
poursuis la paix, recherche-la.

Venez vous abreuver *(Action de grâce)*

DEV524 ; T. : Bénédicte de la Croix/Thérèse de Lisieux ; M. : J.-B. du Jonchay ; Le Carmel.

Refrain : **Venez vous abreuver à la source cachée.**
Venez vous reposer sur le cœur du Bien-Aimé.

① **Dans le cœur transpercé de Jésus sont unis**
le royaume des Cieux et la terre d'ici-bas,
la source de la vie pour nous se trouve là.

② **Il nous attire à lui par sa force secrète**
et dans le sein du Père il nous abrite en lui,
nous saisit dans le flot du Saint-Esprit de Dieu.

③ **Ce cœur, il bat pour nous dans la petite tente**
où il demeure caché si mystérieusement,
dans l'hostie de blancheur pétrie de fin silence.

④ **Tu plonges plein d'amour ton regard dans le mien**
et tu prêtes l'oreille à mon faible murmure,
tu remplis de ta paix le tréfonds de mon cœur.

⑤ **Et pourtant ton amour ne peut se contenter**
de cet échange-là qui nous tient séparés,
le désir de ton cœur réclame plus encore.

⑥ **Ton corps en ce mystère vient pénétrer le mien**
et ton âme elle aussi vient s'unir à la mienne,
flot jaillissant de vie qui jaillit de ton cœur.

Mendiant du jour (Communion)

DP150-2 ; T. : D. Rimaud/CNPL ; M. : J. Akepsimas ; Studio SM.

① Mendiant du jour, je te prends dans mes mains,
comme on prend dans sa main la lampe pour la nuit ;
et tu deviens la nuée qui dissout les ténèbres.

② Mendiant du feu, je te prends dans mes mains,
comme on prend dans sa main la flamme pour l'hiver,
et tu deviens l'incendie qui embrase le monde.

③ Mendiant d'espoir, je te prends dans mes mains,
comme on prend dans sa main la source pour l'été,
et tu deviens le torrent d'une vie éternelle.

④ Mendiant de toi, je te prends dans mes mains,
comme on prend dans sa main la perle d'un amour,
et tu deviens le trésor pour la joie du prodigue.

⑤ Mendiant de Dieu, je te prends dans mes mains,
mais tu prends dans ta main la mienne pour ce jour,
et je deviens l'envoyé aux mendiants de la terre.

Puisque tu fais miséricorde (Action de grâce)

Z129-15 ; T. et M. : M. Dannaud ; L'Emmanuel.

② Si tu retiens les fautes contre nous,
qui dans ce monde subsistera ?
Mais le pardon se trouve près de toi ;
que nos cœurs s'ouvrent à ta grandeur !

③ De tout mon cœur, j'espère le Seigneur,
et sa parole de vérité.
Plus qu'un veilleur n'attend le jour nouveau,
ô toi, mon peuple, attends ton Dieu.

④ Près du Seigneur se trouvent le salut
et l'abondance de son pardon.
C'est lui qui crée, qui sauve et qui guérit,
car sa puissance est sans mesure.

CHANTS POUR L'ORDINAIRE

MESSE DE LA RÉSURRECTION

Kyrie eleison

AL515 ; T. : AELF ; M. : E. Perrot ; Éd. de l'Emmanuel.

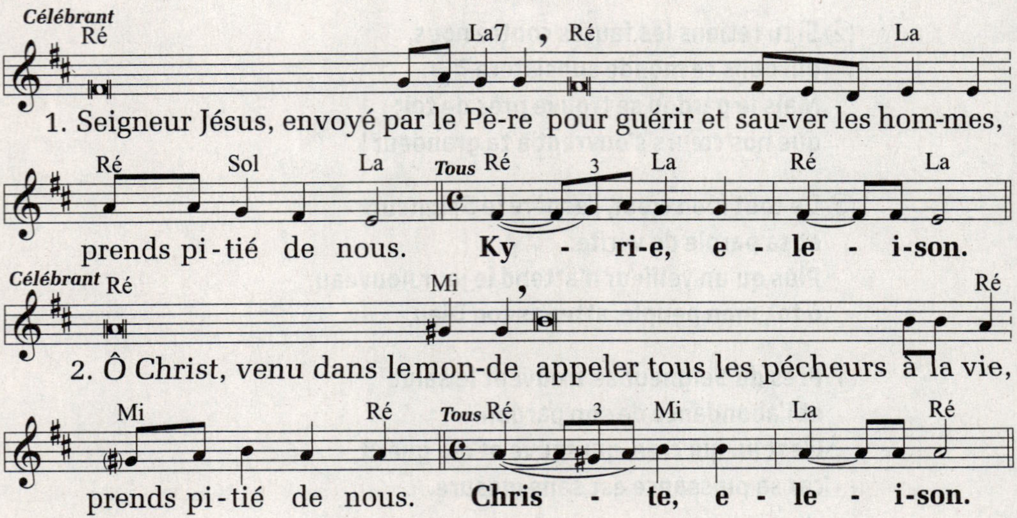

Sanctus

AL515; T. : Liturgie Catholique Romaine; M. : E. Perrot; Éd. de l'Emmanuel.

LES RENDEZ-VOUS DE MARS 2023

SOMMAIRE

ÉDITORIAL

Adieu tristesse

En ce mois tout revêtu de violet, la couleur du Carême, souvenons-nous, avec sœur Emmanuelle Billoteau, que ce temps liturgique tel que nous le connaissons s'est mis en place progressivement dans l'histoire. La durée des jours de jeûne précédant Pâques et leurs accents ont varié dans le temps et les régions. L'important étant d'entrer dans une démarche de conversion à la suite du Christ, un temps pour quitter nos « robes » de tristesse et de misère afin de revêtir la joie du Christ. Dans la Bible, observe encore sœur Emmanuelle, le changement de vêtements évoque le salut. Dès lors, « revêtir le Christ » – notre vocation la plus essentielle – c'est accueillir le salut qu'il nous offre. Ce mois-ci, nous voici invités à retirer nos vêtements d'égoïsme et d'indifférence. Et à nous laisser habiller par les plus belles pièces d'humilité, de tendresse et de patience. Par ailleurs, l'avez-vous remarqué ? Pour ajouter à sa qualité, *Prions en Église* a « revêtu » un emballage papier fabriqué en France, 100 % recyclable. Nous espérons sincèrement que ce choix rejoindra votre exigence en matière de consommation et de respect de notre environnement. ■

Karem Bustica
Rédactrice en chef de Prions en Église

« Ce mois-ci, nous voici invités à nous laisser habiller par les plus belles pièces d'humilité, de tendresse et de patience. »

Jacques Nieuviarts, prêtre assomptionniste

L'inconnu qui bénit Jacob

Après des années d'exil, Jacob redoute d'affronter son frère. Or, ce n'est pas Ésaü, mais « quelqu'un » qui lutte avec lui. Rien ne dit qu'il s'agit d'un être céleste, si ce n'est le nom donné à ce « combat avec l'ange ».

Ayant eu en songe la vision d'anges montant et descendant entre ciel et terre, Jacob fut rassuré. Le Seigneur l'accompagnait en chemin. Il partit au pays d'Aram comme Isaac et Rébecca le lui avaient conseillé. Mais sa vie là-bas fut compliquée. Ce serait long à raconter. Retenons qu'il fuyait la colère d'Ésaü son frère, à qui il avait ravi la bénédiction de leur père Isaac et qui était si furieux qu'il était même prêt à le tuer ! Au bout de longues années, Jacob prit finalement le chemin du retour, mais à mesure qu'il avançait, la peur le prenait au ventre. Et si son frère l'attendait avec les mêmes sentiments de mort ? Il lui fallait encore affronter une nouvelle épreuve initiatique. Cette fois, dans un franchissement de torrent. Rusé – car il l'était – il répartit sa famille et ses serviteurs en plusieurs groupes, qu'il dota de présents pour son frère, lui laissant entrevoir qu'il était devenu grand seigneur.

À son étonnement total, il trouva son frère apaisé et prêt à la réconciliation. Il lui fallait auparavant traverser le gué du torrent Yabboq. Il fit passer ses serviteurs et ses troupeaux, ses femmes et toute sa famille – Jacob avait tout en double, il lui manquait… l'Unique ! –, et là, il resta seul au cœur de la nuit. Or un « homme », dit la Bible, lutta avec lui jusqu'à l'aube. Le récit ne mentionne aucun ange. On le désigne pourtant habituellement comme « le combat de Jacob avec l'ange ». Sûrement parce que cette lutte dura toute la nuit, et qu'à l'aube, l'inconnu demanda à Jacob de le lâcher : « Je ne te lâcherai que si tu me bénis », répondit Jacob (Gn 32, 27). Et là, l'autre le bénit. Jacob voulait savoir le nom de l'étranger, mais il ne le connaîtrait pas. Dans cette bénédiction cependant, il lui donna un autre nom : « Ton nom ne sera plus Jacob, mais Israël (c'est-à-dire : Dieu lutte), parce que tu as lutté avec Dieu et avec des hommes, et tu l'as emporté.

Combien de combats avons-nous menés qui s'avèrent marqués de la présence de Dieu ?

[…] Et Jacob appela ce lieu Penouël (c'est-à-dire : Face de Dieu) » (Gn 32, 29-31). L'ensemble de ce combat porte ainsi mystérieusement la signature de Dieu. Jacob la gardera désormais jusque dans sa marche, car dans cette lutte, sa hanche s'est démise et lui, le nomade, boiterait pour toujours.

Ce récit dit notre histoire. Combien de combats de nuit avons-nous menés qui, au petit matin ou avec du recul, s'avèrent marqués de la présence de Dieu ? Invitation pour nous à les relire peut-être comme tels, marqués de la présence de l'ange. ■

LES SECONDS RÔLES DANS LA BIBLE

Anne Lécu, dominicaine

Élihou, l'homme en colère

Accablé de malheur, Job ose récriminer contre Dieu et cela révolte le jeune Élihou. Dieu a ses raisons, oppose-t-il au patriarche en souffrance. Incapable d'entendre de tels arguments, Job se tait.

Élihou est un homme en colère. Un jeune homme qui se met en colère contre Job car ce dernier « prétendait avoir raison contre Dieu » (Jb 32, 2), et contre ses amis, ces anciens qui n'arrivent pas à faire entendre raison à Job. Rendez-vous compte : Job ose élever la voix contre Dieu parce qu'il est malade, qu'il souffre infiniment et qu'il ne comprend pas pourquoi ! Combien d'hommes et de femmes sont dans sa situation. Mais lui ne craint pas d'élever la voix contre Dieu, avec une grande vigueur et, au fur et à mesure du livre, il associe dans sa plainte tous ceux qui sont, comme lui, pris dans les nasses d'une vie devenue impossible, incompréhensiblement douloureuse. Les amis de Job, Élifaz de Témane, Bildad de Shouah et Sofar de Naama, se sont tus pendant sept jours. C'est déjà beau. Mais ils n'ont su se taire plus longtemps et, parce que la plainte de l'innocent est insupportable, ils ont tenté de convaincre Job que s'il souffre, c'est parce qu'il a péché, puisque tout homme est pécheur. Sans succès. Sa femme, déjà, avait dit à Job : « Maudis Dieu et meurs ! » (Jb 2, 9). Mais Job a tenu bon. Son unique avocat, finalement, est le Dieu avec lequel il se bat car il refuse de croire que cette maladie est d'une manière ou d'une autre une sanction.

Arrive alors un jeune homme, Élihou, fils de Barakéel, le Bouzite, du clan de Ram, sans doute savant et un chouia prétentieux. « Élihou avait attendu pour s'adresser à Job et ses amis, parce qu'ils étaient plus âgés que lui. Mais quand Élihou vit que ces trois hommes n'avaient plus de réponse à la bouche, sa colère s'enflamma » (Jb 32, 4-5). Ce qu'il …

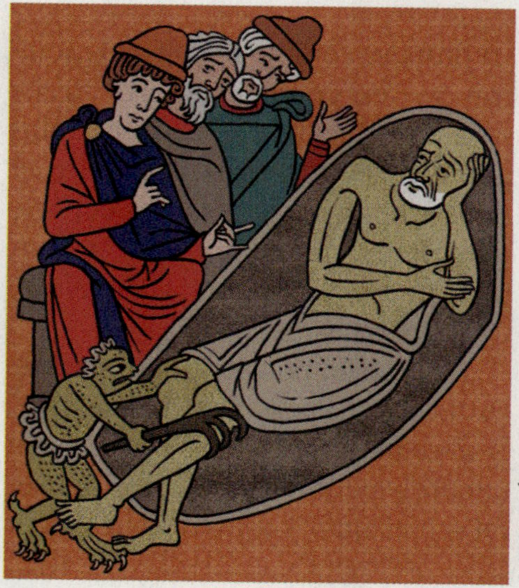

© Gaëtan Évrard

Première Alliance

« Or, après avoir adressé ces discours à Job, le Seigneur dit à Élifaz de Témane : "Ma colère s'est enflammée contre toi et tes deux amis, parce que vous n'avez pas parlé de moi avec justesse comme l'a fait mon serviteur Job." » Job 42, 7

••• propose comme raison de la souffrance, c'est en quelque sorte qu'elle serait « éducative ». Dieu est plus grand que tout, dit-il en substance, et nous ignorons ses raisons. Peut-être que cette épreuve te sera « utile », pour ta conversion, ou la conversion de tes proches.

Mais voilà, pour celui qui souffre, ce discours est parfaitement inaudible. Seul celui qui a traversé l'épreuve (et encore), peut-il (peut-être) penser en secret qu'il y a mystérieusement mûri, mais en aucun cas l'asséner à quiconque. Aussi, Job se tait.

À la fin du livre, néanmoins, Dieu accède à la demande de Job et vient discuter face à face avec lui. Et il vient justifier Job qui a tenu bon, tandis que ses amis et Élihou n'ont pas parlé justement de lui. Parler justement de Dieu, c'est parfois se taire devant le malheur. Ce que fait Jésus, quand il prend notre route jusqu'à son terme. Il n'explique pas la souffrance. Jamais. Mais, avec nous, il la prend sur lui. ■

Nouvelle Alliance

« Ses disciples l'interrogèrent : "Rabbi, qui a péché,
lui ou ses parents, pour qu'il soit né aveugle ?"
Jésus répondit : "Ni lui, ni ses parents n'ont péché." »

Jean 9, 2-3

TRÉSORS DE LA LITURGIE

Emmanuelle Billoteau, ermite

« Devant moi, tu as ouvert un passage » (Ps 30, 9)

« On ne naît pas chrétien, on le devient » (Tertullien, *Traité du baptême*). Ce propos est l'un des messages forts du temps liturgique du Carême. Un rappel pour les catéchumènes adultes que l'Église accompagne tout particulièrement pendant ce temps, mais aussi pour les chrétiens de longue date, car le chemin ne s'arrête pas à la célébration du sacrement.

Le Carême tel que nous le connaissons s'est mis en place progressivement à partir des jours de jeûne précédant immédiatement la célébration pascale. Leur durée, leurs accents ont varié dans le temps et selon les ères géographiques. Quoi qu'il en soit, le Carême est apparu comme le moment privilégié de l'ultime préparation des catéchumènes au baptême célébré au cours de la liturgie pascale et, pour tous les croyants, le temps opportun pour se réapproprier leur identité chrétienne.

Les évangiles nous centrent sur les mystères du Christ puisque c'est dans sa mort que nous sommes ou serons baptisés, pour vivre avec lui (Rm 6, 3-10). Tant les récits des tentations, de la Transfiguration, de la…

... rencontre avec la Samaritaine que de la guérison de l'aveugle-né ou du retour à la vie de Lazare nous mettent en présence de Jésus, vrai Dieu et vrai homme. En ce sens, il peut être riche de reprendre la préface de la prière eucharistique du 5e dimanche du Carême : « Vraiment il est juste est bon [...] de t'offrir notre action de grâce [...] Père très saint, Dieu éternel et tout-puissant, par le Christ, notre Seigneur. Lui-même, homme véritable, il a pleuré son ami Lazare; Dieu éternel, il le releva du tombeau. » C'est aussi Jésus fatigué qui promet à la Samaritaine l'eau de la vie éternelle, une promesse hors de portée d'un simple mortel (Jn 4, 10-14). C'est encore lui qui, en proie à la vindicte de ses contemporains, illumine l'aveugle de naissance et, par l'utilisation de la boue, suggère un remodelage de la nature humaine (Jn 9 6-7; cf. Gn 3, 23). Nous pouvons aussi aborder la fête de l'Annonciation célébrée au cœur du Carême comme un rappel de la grandeur de celui qui choisit d'enfouir sa divinité dans notre humanité, jusqu'à en mourir. Ce qui fait dire à saint Léon le Grand : « La petitesse a été assumée par la majesté, la faiblesse par la force, l'asservissement à la mort par l'immortalité; [...] la nature inaltérable s'est unie à la nature exposée à la souffrance. C'est ainsi que, pour mieux nous guérir [...] Jésus Christ devait, d'un côté, pouvoir mourir et, de l'autre, ne pas pouvoir mourir » *(Lettre à Flavien)*. De quoi méditer sur le mystère du Christ, lui que nous confessons et avons revêtu ou sommes appelés à revêtir lors de notre baptême (Ga 3, 27). Si ce sacrement nous unit à lui à une profondeur dont il est difficile de rendre compte, si nous sommes appelés à grandir dans une connaissance qui passe tout à la fois par l'expérience et les données de la Tradition, il nous appartient aussi de vivre concrètement de lui, de devenir d'autres christs, d'autres oints. Mais qu'est-ce que revêtir le Christ ? C'est accueillir le salut qu'il nous offre. Rappelons que, dans la Bible, le salut s'exprime dans le changement de vêtement : « Quitte ta robe de tristesse et de misère » (Ba 5, 1) – autant dire la robe du fatalisme qui enferme, décourage sans réaliser qu'un monde nouveau est en train d'advenir. Il s'agit encore de se revêtir « de tendresse et de compassion, de bonté, d'humilité, de douceur et de patience » (Col 3, 12), toutes qualités dont était pourvu l'homme Jésus et qui reflètent quelque chose de l'être de Dieu – et cela, sans oublier de revêtir « l'équipement de combat donné par Dieu, afin de pouvoir tenir tête aux manœuvres du diable » (Ep 6, 11). Invitation nous est donc faite à revêtir et à nous laisser revêtir « de l'homme nouveau, créé, selon Dieu dans la justice et la sainteté » (Ep 4, 24).

Dans la Bible, le salut s'exprime dans le changement de vêtement : « Quitte ta robe de tristesse et de misère » (Ba 5, 1).

Ainsi, un long chemin s'ouvre devant nous, qui passe par un incontournable dépouillement, mais : « Ne craignez pas de vous défaire, il recréera ce que vous cédez de vous-mêmes; […] Baissez vos fronts ! Venez mendier sa création au fond des ténèbres humaines […] Apprenez Dieu ! Il a promis son règne à ceux qui emprunteront ses passages » (Patrice de la Tour du Pin, hymne de Carême *Venez au Jour !*). ■

Des témoins du synode sur la synodalité – qui poursuit son chemin dans sa phase continentale – nous racontent ce qui se vit dans leur pays.

Des différences exprimées

DR

Que dit-on qu'on est ? Et comment parler de soi tout en évitant une rhétorique bien huilée ? Pour Donatien Vula, assomptionniste au Burkina Faso, ces questions ont guidé la phase diocésaine du synode.

BURKINA FASO Je suis Donatien Vula, religieux assomptionniste, de nationalité congolaise, de RDC. Je suis au Burkina depuis quatre ans et je participe à la formation des jeunes religieux dans la communauté internationale de formation assomptionniste (Cifa), à Ouagadougou. Lors de la phase diocésaine du synode, chaque diocèse avait organisé une messe pour lancer les activités. La consultation de l'ensemble des fidèles s'est déroulée d'octobre 2021 à mai 2022, et a concerné toutes les composantes des différents diocèses. Il est vrai qu'au début, la phase diocésaine n'avait pas suscité un grand enthousiasme ni une forte adhésion des fidèles. Un prêtre mis aux avant-postes par son évêque m'avait confié que cette phase, dont l'envergure nationale ne fut pas négligeable, n'a pas eu l'écho espéré au départ. Le thème très abstrait du synode (la synodalité) ne semblait pas rejoindre la préoccupation fondamentale des fidèles qu'est la sécurité.

Les églises locales se sont fortement mobilisées après avoir aidé les fidèles à dépasser une certaine appréhension et une résignation. Elles ont mis en place des équipes pour l'animation synodale. Celles-ci étaient chargées de trouver et de définir des méthodes et des moyens adaptés aux lieux et aux diverses circonstances, pour faire vivre cette expérience ecclésiale à tous les fidèles. Des conférences étaient organisées lors des rencontres diverses notamment lors du presbyterium, et les tâches ont été réparties pour faciliter l'animation et les échanges.

Ce que je retiens du rêve qui a émergé de la synthèse envoyée par les pères évêques au synode, c'est d'abord la conviction selon laquelle chaque entité particulière de l'Église possède une façon bien à elle d'accrocher ensemble les autres éléments qui composent, à un moment donné, le collectif. Les différentes contributions expriment ensuite le désir de voir l'Église universelle renforcer les ministères laïcs, encourager l'inculturation du style de gouvernance et de la foi, et reconnaître les vertus des grands témoins et des récents martyrs de la foi. Pour les fidèles, le souci de l'universalité ne doit pas gommer les différences réellement exprimées lors de cette phase. Ils attendent enfin des décisions fortes au risque de renforcer le sentiment d'une certaine autoréférentialité qui déconnecterait des enjeux missionnaires locaux et des besoins concrets. ■

Vencelas Deblock, prêtre du diocèse de Cambrai, historien de l'art

L'organisation décloisonnée

Vatican II a voulu une séparation plus perméable entre clercs et fidèles pour favoriser la participation active de tout le peuple de Dieu.

Les plus anciens parmi nous n'auraient jamais imaginé, dans leur jeunesse, pénétrer dans le chœur d'une église, espace strictement réservé aux prêtres et aux clercs. La liturgie eucharistique étant devenue de plus en plus lointaine, malgré un premier effort du concile de Trente, les fidèles étaient encouragés à vivre la messe en disant le chapelet, ou aidés par des méthodes d'oraison et de dévotion.

Les fidèles et le prêtre semblaient répartis dans deux espaces distincts et quasiment étanches : si le prêtre traversait la nef pour gagner la chaire, il retirait alors souvent sa chasuble. Quant aux fidèles, ils communiaient au seuil du sanctuaire, agenouillés devant le banc de communion. Prêtres et fidèles ne quittaient donc pas leur espace propre. Cette organisation étanche de l'espace traduisait une conception aiguë du sacerdoce ministériel, et une séparation radicale entre les prêtres et les fidèles.

À travers l'histoire, les musiciens ont en général bénéficié d'un espace particulier. Dans les premiers siècles, ils se tenaient probablement dans le chœur, terme d'ailleurs issu du vocabulaire musical. Par la suite, des tribunes particulières leur furent attribuées.

Nef et chœur, église Sainte-Blandine, Lyon (IIe).

Le concile Vatican II, en réformant la liturgie, a voulu manifester l'unité du peuple de Dieu et de sa prière, en vertu du sacerdoce baptismal confié à tous, hommes et femmes, clercs et laïcs. Les espaces, toujours distincts, sont alors devenus plus poreux. Le sanctuaire garde son caractère particulier. Mais le banc de communion, quand il n'a pas disparu, a perdu sa marque de séparation absolue. Le prêtre distribue la communion au cœur de l'assemblée, et les fidèles peuvent entrer dans le chœur pour proclamer les lectures. Lorsqu'elle est solennisée, la procession des offrandes arrive de l'assemblée. Dans le Missel romain, les chorales sont invitées à avoir un emplacement manifestant qu'elles appartiennent à l'assemblée et adapté à leur service. Cette nouvelle conception du rapport entre l'espace des fidèles et celui du sanctuaire manifeste le désir que tous « participent activement » à la liturgie, tel que l'a exprimé Vatican II (Constitution *Sacrosanctum concilium*, § 30). ■

Propos recueillis par **Frédéric Pascal**, journaliste

« L'un près de l'autre »

Thérèse Doffémont, 84 ans, vivant à Aulnois-sous-Laon (02), est mariée avec Serge depuis soixante-trois ans. Elle témoigne de sa vie de prière « toute simple, habitée par le Seigneur ».

« La première chose que je fais, le matin, c'est aller dans ma cuisine, prendre *Prions en Église* qui m'attend sur un coin de ma table, et manger. Je mange le pain qui nourrit mon corps et me permet encore de marcher, de cuisiner, de tricoter, de lire, d'accueillir ceux qui passent à la maison… Et je mange la parole de Dieu. Je prends le temps de goûter les textes du jour comme on mange quelque chose de bon. Ma mémoire faiblit. Au cours de la journée, j'oublie ce que j'ai lu le matin. Mais je sais que la Parole reste en moi. Elle diffuse ses bienfaits, elle fait son travail dans le silence. Après avoir mangé le pain et la Parole, je prie. Je me présente : “Seigneur me voici devant toi, tout simplement dans le silence, rien n'est plus important pour moi que d'habiter en ta présence.” Je prie pour le monde, pour l'Église, pour les vocations, pour les malades, pour tous ceux que je porte dans mon cœur – en particulier nos petits-enfants –,

© Sandrine Martin

pour ceux qui manquent de pain et d'amour, pour ceux qui souffrent de solitude, pour les vivants et pour les morts… Je demande au Seigneur de nous donner, à Serge et à moi, la patience, la confiance, l'abandon – tout ce dont nous avons besoin dans notre vie de tous les jours, quand le poids de l'âge se fait sentir.

On ne sort plus beaucoup, tous les deux. Lui ne conduit plus, et moi si peu. Nous n'avons la messe dans notre village que rarement. Puis il y a eu le Covid et mon opération de la hanche. Alors, le dimanche, nous sommes tous les deux l'un près de l'autre pour participer à la messe à la télé. Cela ne fait pas si longtemps que nous prions ensemble. À ma grande joie et à ma grande surprise, je l'entends réciter le Notre Père et le Je crois en Dieu. Je ne pensais pas qu'il puisse encore les connaître. La messe en communauté me manque mais, en même temps, je suis si heureuse de prier avec Serge près de moi. » ■

QUESTION DU MOIS

Pourquoi ne pas chanter le Gloria pendant le Carême ?

Les « rubriques » du Missel sont des indications données pour bien célébrer la messe. Elles ont un rôle pédagogique pour la célébration et pour que soient mieux compris et célébrés les divers temps liturgiques. Le Gloria et l'Alléluia sont soumis à une de ces rubriques prescrivant, par exemple, l'omission du Gloria durant le Carême. Alors que l'omission de l'Alléluia s'explique par notre réjouissance de l'Alléluia de Pâques, celle du Gloria est moins évidente, sauf pendant l'Avent où nous attendons d'unir nos voix à celles des anges de Bethléem à Noël. Le Gloria est très ancien : chanté à Noël (IIe siècle), il fut introduit dans les messes des dimanches vers le VIe siècle. Cette hymne éminemment festive nous invite à louer Dieu le plus sincèrement possible. Ainsi, la raison de son omission pendant le Carême est double : d'une part, ces semaines sont un temps de repentir et de pénitence ; d'autre part, puisque la miséricorde du Seigneur régénère notre vie baptismale, nous chanterons mieux encore à Pâques la louange de celui qui « met loin de nous nos péchés » (Ps 102, 12) et nous rend « la joie d'être sauvés » (Ps 50, 14). Notre louange pascale clora le temps du repentir et des supplications : avec l'Esprit Saint, nous louerons le Père pour la résurrection de son Fils. ■

Michèle Clavier, *théologienne*

Saint-Jacques-de-Compostelle

Le chemin et l'Apôtre nous attendent

Quitter une semaine son foyer, prendre le bâton, la pèlerine, le sac à dos et partir vers le tombeau de Jacques le Majeur, c'est expérimenter le lâcher-prise, avoir des moments pour penser à soi et marcher sur des sentiers battus par de nombreux pèlerins. J'espère qu'au travers de découvertes culturelles et de célébrations spirituelles, ce pèlerinage, ponctué de rencontres et marches quotidiennes, vous permettra d'être touché par la beauté de la vie et, pourquoi pas, par la grâce de Dieu. Puissions-nous avancer unis, pas à pas, vers le « champ de l'étoile » où nous sommes attendus par l'évangélisateur de l'Espagne ! ■

Gica Paulet, *prêtre assomptionniste*

PRATIQUE **Du 1er au 8 mai.** Une sélection **"Prions en Église", et "Le Pèlerin"**, organisée par Bipel. **Renseignements et inscriptions :** 01 45 55 47 52 ou bipel.paris@bipel.com

Nadège Betty, volontaire avec la DCC et chargée de gestion au Cameroun

« Merci mon cœur »

« J'ai reçu les deux premiers sacrements, pour autant je ne suis pas très pratiquante et mes croyances sont mobiles. Dans le centre de santé où je travaille, je vis auprès de la communauté des Sœurs hospitalières. Plutôt indépendante de nature, j'apprends, ici, à respecter certaines règles telles que les repas en communauté et le couvre-feu. Avant, si les choses ne me convenaient pas, j'avais une tendance à rejeter la faute sur l'autre. Durant le Carême, j'ai décidé de faire un pas vers les sœurs, d'essayer de mieux les comprendre et de mettre un peu d'amour et de cœur dans nos partages. Je me suis alors rendu compte que je pouvais changer d'état d'esprit et ressentir ce que ces circonstances de vie particulières m'apportaient vraiment. Cette manière d'être m'a permis de voir que, avec le cœur, j'ai surmonté des incompréhensions, des difficultés… Je découvre que je suis capable de me libérer. Je ne sais pas comment retranscrire cela dans le langage de la foi catholique, mais je le vois un peu comme un super-pouvoir du cœur qui aide à décupler ses forces dans la fragilité pour surmonter les moments difficiles du quotidien. Alors, je dis merci à mon cœur ! » ■

EN PARTENARIAT AVEC LA DÉLÉGATION CATHOLIQUE POUR LA COOPÉRATION. HTTP://LADCC.ORG

DCC / Nadège Betty

Le Centre de santé Saint-Benoît-Menni à Douala, au Cameroun, est aussi un lieu d'accueil et d'activités pour des jeunes ayant un handicap mental.

Anne-Quitterie Jozeau, journaliste

8 MARS
JOURNÉE INTERNATIONALE DE[S] DROITS DE LA FEMM[E]

« Ma prière est plus incarnée »

D.R.

L'association La maison de Marthe et Marie accueille des mamans isolées. Dans le cadre de la Journée internationale des droits de la femme, nous avons rencontré Léa, 30 ans, volontaire dans une maison parisienne de l'association.

Qu'est-ce que l'association La maison de Marthe et Marie ?

La maison de Marthe et Marie propose une colocation pour les femmes enceintes ou les jeunes mères en difficulté d'hébergement. Elles y vivent avec des volontaires qui consacrent au moins un an à cette colocation solidaire. Le but est de permettre aux mamans d'accueillir de manière optimale leur bébé, sans devoir se soucier des conditions matérielles, prises en charge par l'association. Nous essayons de faciliter tous les aspects de leur vie. Des psychologues, des sages-femmes et des conseillers parentaux sont disponibles. Cela leur évite d'être démunies face à leur bébé ou de se sentir une mauvaise mère. La maison de Marthe et Marie veut véritablement offrir le meilleur aux mamans et à leur bébé ! Par exemple, dans ma colocation, Yasmine a décidé de reprendre le travail. Nous l'avons aidée à trouver une crèche et gardons son bébé durant les vacances car elle travaille. Grâce à l'association, sa maternité n'a pas été un fardeau qui la bloque dans sa vie professionnelle. Créée en 2010, La maison de Marthe et Marie existe dans plusieurs villes en France, dont Lyon, Nantes, Strasbourg, Rouen et Paris, et d'autres maisons sont en projet. Je vis dans la maison de Paris depuis juillet dernier, avec quatre mamans, trois autres volontaires et trois bébés âgés de 3 semaines à 6 mois.

Dans la colocation de la Maison de Marthe et Marie de Nantes, une responsable accompagne une maman dans ses démarches d'insertion.

À quoi ressemble votre quotidien dans cette colocation ?

Le rôle des volontaires est d'être présentes auprès des mamans. Pour discuter, écouter, épauler lors des différends avec le papa, aller chercher un bébé à la crèche, faire des courses ou tout simplement prendre le temps de vivre ensemble. Cela passe par le goûter pris en commun ou un film regardé en groupe. Nous sommes là pour garantir un environnement sain et rassurant autour des mères et des bébés. Chaque volontaire a une mission spécifique : trésorière, responsable communication… Moi, je suis responsable d'appartement : je m'occupe des recrutements, de l'organisation du dîner en commun le lundi, de la gestion du ménage… Et puis, la vie en communauté •••

… constitue un défi quotidien. La vaisselle, le ménage, le rangement, le fait de ne jamais se retrouver seule, tout cela nous fait prier les unes pour les autres de façon plus forte.

Y a-t-il un lien entre votre foi et votre engagement ?

Tous les matins, nous prions les laudes avec les volontaires. Une chose est sûre, je ne me verrais pas vivre ici sans le soutien de la prière. Les histoires confiées ne sont pas toujours roses. En vivant dans cette colocation originale, mes intentions de prière sont plus incarnées. Cela m'enracine davantage. Les mamans, elles, ne sont pas forcément catholiques. Mais devant le réseau de volontaires priant pour elles, certaines demandent au prêtre de bénir leur enfant, d'autres se réfugient dans la chapelle pour prier ou bien se confient à nos prières. À Marthe et Marie, mon espérance grandit. J'essaie de voir un autre Christ en chacune de ces personnes que le Seigneur a envoyée sur ma route. ■

La dignité des femmes, vecteur de la paix

« Si nous voulons un monde meilleur, qui soit une maison de paix et non une cour de guerre, il faut avoir à cœur la dignité de toute femme. De la femme est né le Prince de la paix. La femme […] doit être pleinement associée aux processus décisionnels. Car, quand les femmes peuvent transmettre leurs dons, le monde se retrouve plus uni et plus en paix. »

Homélie du pape François, 1er janvier 2020

PrionsenÉglise
Des guides indispensables
pour vos pèlerinages
PÈLERINS À LOURDES
LIEUX, GESTES & PRIÈRES
LES GUIDES PrionsenÉglise
PÈLERINS EN TERRE SAINTE
LIEUX SAINTS
LECTURES BIBLIQUES
GESTES & PRIÈRES
LES GUIDES PrionsenÉglise
Guides Prions en Église
Pèlerins à Rome

LE JOUR DU SEIGNEUR – FRANCE 2 (11 heures)

5/3 Église Saint-Sulpice, Amettes (62).
Prédicateur : Mgr Olivier Leborgne, évêque d'Arras.

12/3 Église Saint-Paul, Aulnay-sous-Bois (93).
Prédicateur : Fr. Yves Combeau, dominicain.

19/3 Église Notre-Dame-de-la-Croix, Paris (XXe).
Prédicateur : P. Denis Ledogar, assomptionniste.

26/3 Église Saints-Pierre-et-Paul, Thy-le-Château (Belgique).
Prédicateur : *information non confirmée.*

FRANCE CULTURE (10 heures)

5/3 Église Saint-Germain l'Auxerrois, Paris (Ier).
Prédicateur : P. Henry de Villefranche.

12/3 Église Saint-Germain l'Auxerrois, Paris (Ier).
Prédicateur : P. Henry de Villefranche.

19/3 Église Saint-Germain l'Auxerrois, Paris (Ier).
Prédicateur : P. Henry de Villefranche.

26/3 Église Saint-Germain l'Auxerrois, Paris (Ier).
Prédicateur : P. Henry de Villefranche.

Informations communiquées sous réserve de modifications.

LIVRES

LA SÉLECTION DE PANORAMA

Le temps de la bonté

Jacqueline Kelen,
Éditions du Cerf, 256 p.

L'écrivaine Jacqueline Kelen nous livre sa propre lecture du livre biblique de Tobit. Découpé comme un récit, chaque chapitre de son ouvrage relate un passage de la vie de Tobit (le père), puis de Tobie (le fils). Une lecture comme un chemin d'accomplissement spirituel, que l'on achève rassuré sur la permanence de la bonté de Dieu… et de celle de l'homme. ■

Sophie Pelloux-Prayer

Vivre aujourd'hui avec les saints

Odile Haumonté,
Salvator, 220 p.

Les saints sont des êtres parfaits aux destins exceptionnels ! En entretenant cette illusion, certaines biographies idéalisées peuvent décourager les pécheurs-lecteurs que nous sommes. Dans cet ouvrage, rien de tel. L'autrice présente les saints comme des frères et sœurs en humanité, en proie à leurs contradictions, nous invitant à nous abandonner à la grâce du Seigneur qui a illuminé leur vie.

Re/Trait

Éditions du Cerf

La collection Re/Trait propose des retraites spirituelles de trois à six jours sous forme de cahiers d'exercices. Chaque livret se compose de deux méditations, l'une à lire le matin et l'autre l'après-midi. Des questions pour poursuivre la réflexion et des prières complètent chaque étape. Six livrets sont déjà disponibles, parmi lesquels *Dieu est patient* ou *La fragilité qui* sont particulièrement bien adaptés à une méditation pour ce temps de Carême. ■ **Sébastien Antoni**

EXPOSITION

Jean Bardin, le feu sacré

La résurrection du Christ, 1780, Jean Bardin.

Réunissant des œuvres provenant de cathédrales et d'églises françaises, de grands musées européens et de collections particulières, le musée des Beaux-Arts d'Orléans met à l'honneur le peintre Jean Bardin (1732-1809), qui fut une gloire de son temps et qui posa son atelier dans la ville. L'un des clous de l'exposition est le cycle monumental des sept sacrements, jamais montré en France, conservé à la chartreuse d'Aula Dei, à Saragosse (Espagne). ■

Benoît de Sagazan, rédacteur en chef du *Monde de la Bible*

Jusqu'au 30 avril 2023 au musée des Beaux-Arts d'Orléans – 1 rue Fernand Rabier, 45000 Orléans – www.orleans-metropole.fr/culture/musees-expositions/le-musee-des-beaux-arts

NOS ACTUS

Méditations nocturnes

Dès le 20 mars, suivez sur l'application *Prions en Église* une série de sept podcasts « Méditations nocturnes ». Créé et animé par Jean-Guilhem Xerri, psychanalyste, biologiste médical des hôpitaux et auteur, ce parcours inédit allie la méditation à la prière, à partir d'un verset de la Bible, pour faire de vos nuits une expérience spirituelle. ■

Amandine Boivin

Disponible gratuitement en téléchargeant l'application *Prions en Église.*

CD

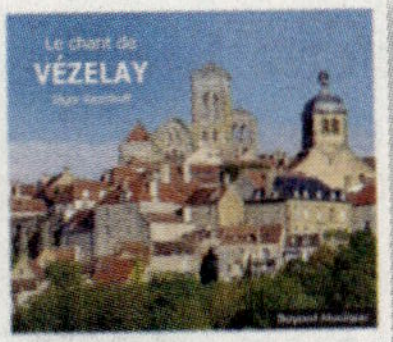

Le chant de Vézelay

Iégor Reznikoff,
Bayard Musique

La voix de Iégor Reznikoff interprétant des pièces grégoriennes souligne la magnifique acoustique naturelle de la basilique Sainte-Marie-Madeleine de Vézelay (Yonne). Son interprétation aide à percevoir toute la dimension de contemplation et de prière de la grande tradition du chant chrétien antique.

Cinq siècles de musique sacrée

Bayard Musique

Un coffret de trois CD qui déroulent une traversée chronologique des grandes périodes de la musique sacrée. Depuis la Renaissance, en passant par les répertoires baroque, classique, romantique et contemporain, on découvre la beauté et la spiritualité de chaque époque. ■

Dominique Pierre, rédacteur en chef de *Chantons en Église*

NUMÉRIQUE

Étonnantes figures du Carême

Satan, Pierre, Jacques, Jean, Lazare, l'aveugle-né, la Samaritaine… Cette année, les évangiles du Carême nous invitent à rencontrer des personnages étonnants, hauts en couleur. Qui sont-ils ? Comment peuvent-ils nous inspirer ? À leur contact, que pourrions-nous apprendre de nous-mêmes ? Découvrez leurs messages sur l'appli *Prions en Église* avec notre parcours original allant du mercredi des Cendres au matin de Pâques. ■

Sébastien Antoni

Sur l'Appstore et le Playstore

Informations communiquées sous réserve de modifications.

PÈLERINAGE NATIONAL J – 165 ! 150 ANS

SOLIDARITÉ

Collecte du CCFD-Terre solidaire

Le 5ᵉ dimanche du Carême, le 26 mars, le CCFD-Terre solidaire organise une collecte pour « Ceux qui rêvent de se nourrir en paix ». Du 22 février au 6 avril, sont proposés en ligne un livret et des podcast spirituels, et des idées d'actions. ■

https://ccfd-terresolidaire.org/campagne/careme/

Grand Nord-Ouest

L'ÎLE-BOUCHARD (37)

DU VENDREDI 3 AU DIMANCHE 5

Session « Relation »

« Aimer dans la durée », session proposée par le mouvement Vivre & Aimer, pour les couples, prêtres et consacrés qui souhaitent donner un nouveau souffle à leur couple ou à leur vie en communauté.

contact@vivre-et-aimer.org
www.vivre-et-aimer.org

ÉPERNON (28)

LUNDI 6

Session

« Les lundis du prieuré » proposent une session autour de Pauline Jaricot, au prieuré Saint-Thomas.

02 37 83 60 01
prieure-epernon@orange.fr

SAINT-CYR-SUR-LOIRE (37)

DU VENDREDI 24 AU SAMEDI 25

Retraite

Deux jours autour de l'écoute active, pour apprendre à mieux s'écouter soi-même et les autres.

02 47 88 46 00 – ursule-tours.cef.fr
su.mdp@ste-ursule.org

Grand Nord-Est

TROYES (10)

DU VENDREDI 3 AU DIMANCHE 5

Week-end

Pour étudiantes et jeunes professionnelles : « Révèle-toi ! », sur le thème de la chasteté. À la maison

… mère des Sœurs Oblates de saint François de Sales.
jeunes.soeursoblatesdesfs.com

MOUVAUX (59)
VENDREDIS 10, 17 ET 24
Sessions
Trois après-midi autour de « Pardonner : au-delà de l'impossible », avec des apports psychologiques et spirituels. Avec Thierry et Marie-Joëlle Hussenot, de la Communauté Vie chrétienne (CVX).
03 20 26 09 61
contact@hautmont.org
www.hautmont.org

AMIENS (80)
SAMEDI 25
Soirée louange, prière
« Venez et voyez » : soirée de louange et de prière, pour confier nos vies et nos difficultés au Seigneur. Enfants et adolescents bienvenus. En l'église Saint-Paul d'Étouvie.
ambricheux@yahoo.fr
www.amiens.catholique.fr

Grand Sud-Ouest

SAINT-VINCENT-DE-PAUL (40)
SAMEDI 4
Session
« À la rencontre du frère venu d'ailleurs » : à partir de l'encyclique *Fratelli tutti*, comprendre les causes des migrations pour plus de fraternité. À l'attention des acteurs de solidarité envers les migrants. Avec le CCFD-Terre solidaire, le Secours catholique et la Pastorale des Migrants, au Berceau de saint Vincent.
Mayie Liégeois : 06 42 79 20 51; mayie.liegeois@wanadoo.fr

CUQ (81)
DU JEUDI 9 AU DIMANCHE 12
Session formation
« Dans quelle mesure le pardon est-il possible ? » animée par Claire Leuridan, professeure à l'Institut catholique de Toulouse.
05 63 75 03 63 – stluc@beatitudes.org
stluc.beatitudes.org

Grand Sud-Est

BIVIERS (38)
DU LUNDI 6 AU VENDREDI 17
Retraite spirituelle
12 jours pour « Avancer en eaux profondes », avec les *Exercices spirituels* de saint Ignace. Cette session nécessite d'avoir déjà vécu ce type de retraite de 5 ou 8 jours.
04 76 90 35 97 – www.sainthugues.fr

MEYLAN (38)

MERCREDI 15

Journée biblique

« Jérémie, la parole prophétique face à l'épreuve » : une journée autour du livre de Jérémie, dont les échos parviennent jusqu'au Nouveau Testament. Avec Isabelle Carlier, bibliste.

04 76 41 62 83 – ctm-grenoble.org

SAINT-DIDIER (84)

DU VENDREDI 17 AU DIMANCHE 19

Retraite spirituelle

« L'Esprit Saint éduque l'Église à la vie de prière », retraite animée par François-Régis Wilhélem, prêtre de Notre Dame-de vie. À Notre-Dame de Sainte-Garde.

06 08 82 83 27 – notredamedevie.org
centrespirituel@notredamedevie.org •••

ZOOM

Journée mondiale de prière des femmes

Vendredi 3 mars, plus de deux cents lieux en France accueillent une veillée à l'occasion de la Journée mondiale de prière des femmes, à Tours, Bayeux, Bondy… Tous les premiers vendredis de mars, depuis 1887, dans le monde entier, plusieurs milliers de femmes se rassemblent pour un temps de prière œcuménique. Les femmes d'un pays désigné, cette année Taïwan, rédigent une célébration œcuménique pour le monde et une prière spécifique, récitée dans les cent vingt pays participant à cette Journée mondiale de prière (JMP). Cette année, le thème proposé par les Taïwanaises, « Votre foi m'interpelle ! », est inspiré par la lettre de saint Paul aux Éphésiens (Ep 1, 15-19). « Paul nous invite à pratiquer l'écoute active, qui est le fondement de nos prières », écrit Rosângela Oliveira, la directrice exécutive de la JMP. Dans la veillée, cette invitation se traduit par l'écoute des récits de foi de femmes taïwanaises, avec des chants, des prières et des témoignages. ■

Anne-Quitterie Jozeau

Pour trouver une veillée de prière près de chez vous, rendez-vous sur : journeemondialedepriere.fr

… Île-de-France

PARIS (VIe)

VENDREDI 10

Atelier

Entrer dans l'univers des évangiles, les lire et les méditer. Atelier animé par Dominique Gilles et Thibault Lopez Brunner.
De 19 h 30 à 21 h 30.
01 45 44 01 87
www.forum104.org

CLAMART (92)

DU LUNDI 13 AU VENDREDI 17

Retraite spirituelle

S'initier à la prière avec la parole de Dieu selon les *Exercices spirituels*, et découvrir la présence de Dieu dans notre vie. Retraite individuelle en silence.
01 45 29 98 60
accueil@manrese.com
www.manrese.com

SAINT-PRIX (95)

DU JEUDI 23 AU DIMANCHE 26

Retraite

« Vivre l'oraison » pendant quatre jours à l'école des grands priants. Prendre le temps d'apprendre la conduite de l'oraison et de la pratiquer.
01 34 16 09 10
accueil@massabielle.net
massabielle.net

Suisse

CHÂTEL-SAINT-DENIS

SAMEDI 4 ET DIMANCHE 5

Halte spirituelle

Yoga sur chaise et prière avec saint Nicolas de Flüe. Proposée par les Sœurs oblates de l'Institut Saint-François-de-Sales. Le yoga sur chaise, animé par Françoise Carle, infirmière et professeure de hatha-yoga, permet d'établir le calme en soi et de s'ouvrir à la prière, quels que soient l'âge ou le handicap.
0041 (0) 021 948 77 13
haltest-francois@outlook.com
www.institut-chatel.ch

ENVOYEZ VOS RENDEZ-VOUS À L'AGENDA DE PRIONS EN ÉGLISE : Merci d'envoyer les informations nécessaires 3 mois avant l'événement, sans engagement de publication par la rédaction, à : *Prions en Église*, Agenda, 18 rue Barbès, 92120 Montrouge, ou par e-mail : *prionseneglise@groupebayard.com*

PrionsenÉglise 18, rue Barbès,
www.prionseneglise.fr 92128 Montrouge Cedex.

▶ **POUR CONTACTER LE SERVICE CLIENT : 01 74 31 15 01** – service.client@groupebayard.com
(Préciser : nom + adresse postale + « concerne Prions en Église ».)

▶ **POUR VOUS ABONNER : 01 74 31 15 01** – www.librairie-bayard.com
Bayard, Prions en Église, TSA 60007, 59714 Lille Cedex 9

▶ **POUR CONTACTER LA RÉDACTION : 01 74 31 63 24** – prionseneglise@groupebayard.com

Directeur de la publication : Pascal Ruffenach. Directeur du secteur et directeur des rédactions : Jean-Pierre Denis. Rédaction : Karem Bustica (rédactrice en chef), Pomme Mignon (rédactrice en chef adjointe visuel, directrice artistique), Frédéric Pascal (rédacteur en chef adjoint), Armelle Gabriel (assistante), Nicolas Crouzier (secrétaire général de la rédaction), Jean-Baptiste Deau (1er secrétaire de rédaction), Clotilde Pruvôt, Véronique Jollé (secrétaires de rédaction), Laurent Sangpo, Pascal Redoutey (rédacteurs graphistes), Ania Biszewska (rédactrice photo), Sébastien Antoni (chef de grande rubrique), Anne-Quitterie Jozeau (rédactrice), Agnès Thépot (relations lecteurs). Ont participé : Véronique Thiébaut, Thibault Van Den Driessche. Marketing éditeur et développement : Anne-Claire Marion (directrice), Amandine Boivin (responsable marketing). Marketing diffusion et abonnement : Aurore Bertrand (directrice), Sandrine Dos Santos (chef de marché). Direction des terrains catholiques : Cédric Bloquet (directeur). Voyages lecteurs : Corinne Miguel. Contrôle de gestion : Tonnumy Ai. Fabrication : Grégory Cervantes. Impression : Maury SAS, Z.I. Route d'Étampes, 45330 Malesherbes. Textes liturgiques : © AELF. Chants : © Éditeurs. © Bayard et Novalis. Reproduction interdite sans autorisation. *Prions en Église* est édité par Bayard, société anonyme à Directoire et Conseil de Surveillance au capital de 16 500 000 €. Actionnaires : Augustins de l'Assomption (93,7 % du capital), SA Saint-Loup, Association Notre-Dame de Salut. Directoire : Pascal Ruffenach (président), André Antoni, Florence Guémy et Jean-Marie Montel (directeurs généraux). Président du Conseil de Surveillance : Hubert Chicou. Dépot légal à parution. CPPAP : 0425K86471 ISSN : 0383-8285. Belgique et Luxembourg : Bayard Presse Bénélux, Da Vincilaan, 1 – 1930 Zaventem. Tél. : 0800 00 028 (de Belgique, gratuit) ou 00 32 87 30 87 32 (de France) ou 800 29 195 (du Luxembourg). Web marché chrétien : librairie-bayard.com. Suisse : Edigroup SA 39 rue Peillonnex 1225 Chêne-Bourg – Suisse. Tél. : 00 41 22 860 84 02. Mail : abobayard@edigroup.ch

PEFC 10-31-1282
Certifié PEFC
Ce produit est issu de forêts gérées durablement et de sources contrôlées.
pefc-france.org

IMPRIM'VERT

***Prions en Église* agit pour l'environnement**
Origine du papier : Suède.
Taux de fibres recyclées : 0%.
Origine des fibres : papier issu de forêts gérées durablement.
Impact sur l'eau :
Ptot 0,007 kg/T (petit format),
Ptot 0,003 kg/T (grand format)

Ce numéro comporte
Sur la totalité de la diffusion :
encart broché "Prions en Église" abonnement parrainage ; encart posé "Prions en Église Junior" ; encart jeté "Prions en Église" autopromo.
Sur une partie de la diffusion :
relance posée "Prions en Église" offre d'abonnement.

Bulletin d'abonnement

OUI, je m'abonne à *Prions en Église*

ÉDITION POCHE (13 x 11,9 cm) - PRI

- ☐ **1 an** (12 n^os^) .... **45 €**
- ☐ **2 ans** (24 n^os^) .... **80 €**
- ☐ **Étudiant** 1 an .... **29,95 €***

ÉDITION GRAND FORMAT (16 x 14,6 cm) - PRI

- ☐ **1 an** (12 n^os^) .... **52 €**
- ☐ **2 ans** (24 n^os^) .... **90 €**

GRELHS00111

+ EN CADEAU :
le hors-série *Vivre la gratitude avec la sagesse chrétienne*

PAR COURRIER Renvoyez ce bulletin accompagné de votre chèque payable en France libellé à l'ordre de « Bayard » à l'adresse suivante : **Bayard - TSA 60007 - 59714 Lille CEDEX 9**

PAR INTERNET sur **librairie-bayard.com/abopri**

COORDONNÉES ☐ Mme ☐ M. Prénom

Nom A177114

Complément d'adresse (résid./Esc./Bât.)

N° et voie (rue/Av./Bd...)

Code postal Ville

Pays Date de naissance J J M M A A A A

Tél. E-mail

Pour recevoir, conformément à la loi, la confirmation de votre abonnement

RENSEIGNEMENTS POUR LES ABONNEMENTS HORS FRANCE MÉTROPOLITAINE

		DOM-TOM & UE	AUTRES PAYS	BELGIQUE	SUISSE
Téléphone		(33) 174 311 501		0800/250 38**	(022) 860 84 02
POCHE	1 an	48 €	54 €	Renseignez-vous sur les tarifs et abonnez-vous par téléphone	
	2 ans	86 €	98 €		
GRAND FORMAT	1 an	55 €	61 €		
	2 ans	96 €	108 €		

*Uniquement en France métropolitaine. Cette offre ne contient pas de cadeau. Joindre une photocopie de la carte d'étudiant.

**Appel gratuit

Offre valable jusqu'au 30/09/2023 pour tout 1er abonnement. Visuels non contractuels. Bayard s'engage à la réception du 1er numéro dans un délai de 4 semaines au maximum après enregistrement du règlement. À l'exception des produits numériques ou d'offre de service, vous disposez d'un délai de 14 jours à compter de la réception du 1er numéro de votre magazine pour exercer votre droit de rétractation en notifiant clairement votre décision à notre service client. Vous pouvez également utiliser le modèle de formulaire de rétractation accessible dans nos CGV. Nous vous rembourserons dans les conditions prévues dans nos CGV sur : https://librairie-bayard.com/cgv. Ces informations sont destinées au groupe Bayard, auquel *Prions en Église* appartient. Elles sont enregistrées dans notre fichier à des fins de traitement de votre abonnement. Conformément à la loi « Informatique et Libertés » du 06/01/1978 modifiée et au RGPD du 27/04/2016, elles peuvent donner lieu à l'exercice du droit d'accès, de rectification, d'effacement, d'opposition, à la portabilité des données et à la limitation des traitements ainsi qu'à connaître le sort des données après la mort à l'adresse suivante : Bayard (CNIL), TSA 10065, 59714 Lille CEDEX 9. Votre adresse mail sera utilisée pour vous envoyer les newsletters que vous avez demandées ou dont vous bénéficiez en tant que client. Vos coordonnées postales et téléphoniques pourront être utilisées à des fins de prospection commerciale par Bayard. Votre nom associé à vos coordonnées postales et téléphoniques sont susceptibles d'être transmises à nos partenaires (éditeurs, associations, VPC...). Vous pouvez vous opposer à la prospection commerciale en vous connectant à https://www.groupebayard.com/fr/contact ou en envoyant votre demande à : Bayard (CNIL), TSA 10065, 59714 Lille CEDEX 9. Pour plus d'informations, nous vous renvoyons aux dispositions de notre Politique de confidentialité sur le site groupebayard.com. Nous vous informons de l'existence de la liste d'opposition au démarchage téléphonique « Bloctel », sur laquelle vous pouvez vous inscrire ici : https://www.bloctel.gouv.fr/